跟青春期的孩子说什么，如何说

[韩] 李珉圭◎著
尹嘉玄◎译

中国妇女出版社

图书在版编目（CIP）数据

跟青春期的孩子说什么，如何说 / (韩)李珉圭著；尹嘉玄译. -- 北京：中国妇女出版社，2021.8
ISBN 978-7-5127-1990-3

Ⅰ.①跟… Ⅱ.①李… ②尹… Ⅲ.①青春期－家庭教育 Ⅳ.①G782

中国版本图书馆CIP数据核字（2021）第100174号

著作权合同登记号 图字：01－2021－3711

跟青春期的孩子说什么，如何说

作　　者：[韩]李珉圭 著 尹嘉玄 译
责任编辑：陈经慧
装帧设计：主语设计
责任印制：王卫东
出版发行：中国妇女出版社
地　　址：北京市东城区史家胡同甲24号　　邮政编码：100010
电　　话：（010）65133160（发行部）　　65133161（邮购）
网　　址：www.womenbooks.cn
法律顾问：北京市道可特律师事务所
经　　销：各地新华书店
印　　刷：天津光之彩印刷有限公司
开　　本：145×210 1/32
印　　张：7.5
字　　数：150千字
版　　次：2021年8月第1版
印　　次：2021年8月第1次
书　　号：ISBN 978-7-5127-1990-3
定　　价：49.80元

前 言

改变我们父子人生的“骨牌效应”

我在首尔大学读博士和担任校务委员期间，儿子政宇出生了。

这么多年通过给学生们进行心理咨询，我发现一件事——那些来找我咨询的学生，大部分都和父母相处不和睦。这件事提醒了我，与其叫儿子用功读书，不如有空多陪陪他，营造更为亲密的父子关系。事实上，我与儿子确实培养出了深厚的父子情，他小时候甚至对我说过：“爸爸，我好喜欢你，我觉得你就像我的好朋友或哥哥，我可以直接叫你‘哥哥’吗？”

或许是因为当时前来咨询的学生都属于品学兼优的类型，我天真地以为，孩子只要和父母维持良好的关系，其他问题就能迎刃而解。在政宇小学毕业之前，这样的观念看似毫无问题，因为儿子前前后后总共转学三次，每次他都可以马上和新同学打成一片，学校的课业也跟得上。后来，我才慢慢意识到，原来有一件事情是自己设想不周的。

政宇升入初中以后，学校老师发的第一次测评成绩单，儿子的成绩居然是倒数的。我对这样的结果错愕不已，但我知道孩子承受的打击一定比我更大。事后我才辗转得知，班上同学早在入学前就已经补过课了，初中一年级的课程已经提前学完了。当时我才恍然大悟，但已经于事无补。为此我感到非常自责，好像都是我这个当爸爸的没有为孩子考虑周全一样。只要陪孩子尽情玩乐就好的想法，更显得极其天真。和孩子关系好固然是好事，但也应该帮助他好好学习才对，每当我一想到“要是当时先打听清楚，孩子就不会读书读得那么痛苦”时，就会深感愧疚。

自从那次的成绩单公布以后，儿子开始对学校生活倍感压力。当他发现自己已经跟不上大家的进度时，便对学习不再感兴趣。他开始讨厌上学，和同学也不再像以前一样处得那么好。虽然我尝试过各种方法，试图为孩子尽一份力，但效果却不甚理想。当我想要说一句为他好的话时，他会在我尚未开口时就摆出一副“老爸又要开始对我说教了”的厌烦表情。在尝试沟通的过程中，我与儿子却渐行渐远。后来，我开始改发电子邮件，用文字表达心里想对他说的话。

利用这样的方式和孩子沟通，我发现有许多意想不到的好处。第一，比起口头对话，文字可以更具体地整理出自己想要表达的重点；第二，可以提供更多对孩子有帮助的信息，包括一些实验或实例；第三，因为不是直接当面沟通，大幅降低了不必要的情感对立与冲突。

幸运的是，一个月、两个月，一年、两年，随着时间流逝，孩子的状态逐渐好转，最终他如愿地考入了原本认为不可能考上的大学，后来也应聘进入了许多大学毕业生梦寐以求的企业。在那个正值青春期的阶段，如果我们俩不是用电子邮件沟通，而是想当面说服对方的话，我想，我们父子之间绝对不会像现在这么亲密。

事隔多年后的今日，我们父子俩依旧维持着用电子邮件沟通的习惯。对我们来说，这是非常宝贵的沟通渠道，它不仅可以交流意见、分享信息，还可以产生共鸣、达成共识。

如今回想，或许儿子十几岁时做出的那些叛逆举动，都是上天刻意为我安排的，目的就是让我成为更有耐心的父亲、更有智慧的心理学者。若他是一个凡事都能自己打理得很好，不让人操心，不必特别用功就能名列前茅的孩子，或许我就不会给他发那么多封电子邮件了。最终，我很可能不会对儿子如此用心良苦，更不可能有这本书的诞生。

本书的前身是《十几岁，决定你的梦想与幸福》（直译名），出版至今已有十余年。当年通过发邮件与我沟通的儿子政字，如今已有30岁，荣升为奶爸了。回首过往，时光飞逝，最近我又重新翻阅了这本书，发现有许多内容早已过时，我也有很多地方想要修正增补，于是大幅修改了内容，决定改版重新上市。

随着心理咨询经验的增多，我很惊讶于原来不少父母会在他们的孩子才十几岁时就觉得孩子落于人后，补救为时已晚，不如放弃来得干脆。但其实面对新的开始，根本没有所谓的“为时已晚”。前行会面临诸多考验，但不妨试着用稍微不一样的观点去看待，耐心等待并找寻解决方法。我从自身经历中领悟到了一件事：我们所面临的每一种状况，其实背后都自有其意义。当上天要赐予人类恩典时，总会以问题的形式做包装，机会也往往会戴着危机的面具登场，所有问题里都隐藏着随时可以逆转的大小机会。

翻开这本书的读者中，说不定有人光听到“读书”两个字就会退避三舍，这是因为已经先入为主地觉得读书“无聊”“厌烦”“不论怎么努力都不见成效”。但不论做什么事，只要你有心想要把它做好，就要持之以恒、有始有终，读书也是如此。读书和其他事情一样有道可循。作为孩子的父亲，我因为不重视读书而害得儿子在学习路上饱受折磨，这是我作为家长的疏忽。因此，我也把高效学习的方法收录在这本书里，希望大家不必像我的儿子一样饱受读书之苦。尽管“读书”两个字会令你心生反感，也希望各位可以考虑到我身为作家和父亲的立场，由衷地期盼你可以用积极正面的心态来读这本书。

在此，我有几件事情想要拜托正在阅读本书的你：

第一，如果你已经买下这本书，那这本书就已经是你的了。你可能会想：“这不是废话吗？”但我想要强调的是，许多人看书都会悉心呵护，保存得完好如初，仿佛随时都可以拿到书店退换货一样。但这本书不同，希望各位可以拿出一支笔，边画重点边阅读。要是能再多准备一支荧光笔就更完美了，把想要铭记在心的句子画线标示出来，必要时也可以打上星号、圆圈、叹号或问号等，在书上留下阅读过的痕迹。

第二，不要抱有从头读到尾的想法，试着抛开按章节顺序阅读的既定观念，从你感兴趣的篇章开始有选择性地阅读也无妨。或者只读一个章节、一个主题，但是一定要认真去实践该篇章所强调的一个小理念。大家只要实践过一次，大脑就会产生“既然这件事我都能办到，另外那件事应该也难不倒我”的念头，而那件小事说不定就会在各位的人生中产生不可思议的“骨牌效应”。

第三，希望各位可以用积极的态度来阅读这本书。阅读过程中不妨偶尔停一下，给自己一段时间思考，回想与内容有关的自身经验以及周遭友人的故事。把印刷出来的文字内容转换成脑海里的影像，才会变成真正属于自己的有用知识。

第四，要是看见对自己毫无帮助或者认为有误的地方，大可画上记号，然后在一旁空白处写上你认为更好的对策。世上所有问题自有其解，但绝对不会只有一种答案，每个人认为有效的解决对策都不尽相同，万一读到不适用于自己的方法，可以不必采纳。毕竟就算是再好的方法，只要不适合自己，那就不是什么好方法。

最后，希望各位阅读完这本书以后，可以重新复习一遍自己所摘录的重点，然后试着思考应该如何身体力行，那么你就不再只是被动阅读别人所写的书籍，而是阅读自己亲自整理好的重点了。

经过这次改版之后，每节的文末都附有“行动清单”，大家在阅读完内容之余，还能亲身实践一些小任务。这本书不能只停留在泛泛阅读上，一定要身体力行才有意义。当然，要是可以完成所有任务并写下个人心得就再好不过了，不过，“萝卜白菜，各有所爱”，各位读者大可按照自己喜欢的方式进行阅读。要是认为填写行动清单反而会妨碍阅读，可以挑个小任务执行就好。最重要的是不能单纯停留在字面上，读完以后一定要实践，把书中内容悉数转化成自己的东西。

对于家中有正处于青春期的孩子的家长来说，希望本书可以帮助你们更加理解自己的孩子。同时，我也殷切期盼这本书可以助历经煎熬的青少年一臂之力，帮助你们实现梦想。而你们达成的梦想，又会成为另一个人引颈期盼的梦想。

衷心希望所有阅读这本书的读者都可以梦想成真！

写给父亲的信

——献给一生爱我、伴我的父亲

当初写信的那个懵懂无知的中学生，如今已年过而立，变成一个看着孩子调皮捣蛋、嬉闹玩耍的父亲。现在的我，依然和当年一样，不想用敬语称呼您为“父亲”，只想叫您“爸爸”。

想当年，我曾因为成绩太差而不敢奢望有大学可念，没想到最后竟然顺利上了大学，毕业后还进了一家不错的公司，如今更是为人夫、为人父，这一切都那么令人不可置信。

犹记得某天，因为我的成绩实在太差，您被班主任请到学校办公室里面谈话，后来您还接到补习班老师的电话，说我学习态度不佳，他们劝我退学。那天的您，想必一定很错愕吧？要是我，一定会感到颜面无光、愤怒至极。但是那天晚上，您只是默默地写了一封信放在我的书桌上，信封上还写着：“爸爸今晚要早睡，别叫醒我。”那天，我读着您写给我的信，难过得无以复加，自惭形秽。

后来，我下定决心认真读书，但是事与愿违，读书简直就是我的“死穴”。当时，我只是打心底觉得该好好念书，但每每真正开始读的时候，脑袋却什么也记不住。学校、补习班，真的都纯粹是去报到而已。您那时看着行尸走肉般的儿子，心里一定很不好受吧？我记得您当时正好在大学里教授适应心理学，也为学校生活适应不良的同学或家长提供心理咨询和指导。养儿方知父母恩，如今，身为人父的我更能切身体会您当时内心的煎熬。

不仅如此，当时早已放弃读书的我，甚至还大言不惭地对您说：“我不想读大学。”记得当时您问我：“那你以后要靠什么维生？”我回答：“我要在我们家小区十字路口三角窗那里，开一间录像带租借店（一个如今早已消失的行业）。”现在回想起来，我还真是个不知天高地厚的小屁孩儿。爸爸当时应该也觉得很头疼吧？自那以后，每到周末您就会带着我到大学校园里巡游，我们一边吃着便当，还有我最爱的炸鸡，一边看着大学生们青春洋溢的模样，然后在校园各处合影留念，于是我渐渐对大学这个地方产生了好感。如今看来，那些大学巡游都是您当时精心策划的。

我记得您说过：“上了大学，人生就会从此变得不一样。”这句话就是从那时才开始真正扎进我心里，也是从那时才开始意识到，我最痛恨的读书，恰恰是此生无法逃避、必须面对的事情。当然，上大学不能保证一定会获得成功或幸福，人生也不一定会来个三百六十度大转弯。但是，当时的我一心想着赶快上大学，过过自由的生活，谈谈恋爱，参加一些社团活动。没想到这种幼稚的理由，最后竟成了我读书的动力。不管初始理由是什么，最终我正式踏上了“专心读书”的正途。爸爸当年的应对策略可谓事半功倍。

痛定思痛，我当时下定决心好好拼高考。可是，读书并没有想象中那么容易。每当我深陷低潮、彷徨无助时，即使是深更半夜，我还是会跑到最想就读的大学校园里走走逛逛。我漫步在夜幕低垂的校园里，徘徊在灯火通明的图书馆周遭，然后按照爸爸信中给我描绘的那样，想象着自己已经成为那所大学的学生，在图书馆的书海里徜徉。

您告诉我的那套“影像训练法”，不仅帮助我通过了高考，大学毕业后找工作面试时也受益无穷。面试前，我经常到现在任职的公司附近徘徊，想象着自己在这家公司里工作的样子。我思考着究竟该如何回答面试官的问题才能顺利过关，甚至还真的询问过当时路过的公司员工有无任何面试技巧。

到今天为止，您写给我的信多得数不胜数，我相信世界上很少有人会像我一样收到这么多来自父亲的信。坦白讲，当初看到您写来的信件标题显示为“目标设定”“时间管理的重要性”“读书方法”时，我真的是连点都不想点开来看。但是不论我有没有回复您，您还是不断地发邮件给我，所以后来我也渐渐敞开了心扉，开始试着阅读您发给我的每一封邮件。

某天，我想起大学毕业后面试屡屡失败，生活费也快要见底的那些日子，我写了封信给您，信中提及自己明明已经大学毕业，却还不能负担自己的生活费，实在深感抱歉，希望可以尽快找到工作，再也不必写这种伸手要生活费的信给您。

于是您这样给我回信：

政宇啊，虽然很感谢你有这份孝心，但是要切记，不能因为这样而随意找一份工作将就着做，一定要想清楚自己真正想做什么、可以发挥你潜力的工作是什么才行。

找工作不能只找单纯提供你薪水的“职”，而是要找可以享受一辈子的“业”。只要找到真正属于你的毕生职业，以后不管面临什么问题，都不会被工作束缚、羁绊。请放心，爸爸会尽全力帮助你，直到你可以真正独立为止。事关身体或学习的，可以尽管向爸爸开口。慢慢来，不必着急，做你喜欢的或者会越做越喜欢、做一辈子都会觉得有趣的事。

别担心，爸爸会在这里等你、陪你，直到你找到那样的工作为止。所以千万别因为还不能赚钱养活自己而寝食难安。

这个世界上应该很少有人会像我一样收到父亲写的这种安慰信吧。多亏爸爸当时写了这封信给我，我才得以放慢脚步好好准备，顺利通过面试进入自己梦寐以求的公司。不论过去还是现在，我都很感谢您一直信任我、等待我。每当我觉得为时已晚、想要放弃时，您总是告诉我“任何新的开始都没有所谓为时已晚”。您总是鼓励我，为我加油打气，牢牢拉住彷徨无助的儿子，永不放弃。

要是当年没有您不厌其烦地把我引向正轨，我想，就不会有如今的我，也不敢想象自己现在会过着什么样的生活。

很庆幸能有您这么好的爸爸，也很自豪有个像朋友一样的父亲。我会像您当年一样，耐心地指导儿子，引领他创造美好的未来，争当一个称职的父亲。

爸，很感谢您是我的父亲。爱您！

2014年春天
爱您的儿子政宇敬上

目 录

Chapter 1　读书、成绩与地位——我们如何让世界变得有趣

Chapter 2　改变人生的目标设定术——WISE核心与SMART原则

Chapter 1

读书、成绩与地位
——我们如何让世界变得有趣

美丽的问题导向美丽的答案，

改变提问方式，就能改变人生。

成功者更喜欢思考“怎样才能做好”，

而不是“哪里有问题”。

政宇啊，

从现在开始，

试着换个思维方式晨起，

换个心态上床就寝，

你会发现，每天都是崭新的一天。

然后某天，

你也一定会看见，

早已破茧重生的自己。

大人与孩子如何能走得更近

如有临死前殷殷期盼的事情，现在就去做吧！

——伊丽莎白·库伯勒·罗斯[①]

孩子和父母在一起时是最开心的，但是随着青春期的到来，越来越多的青少年不想再和父母沟通，甚至和父母独处也会倍感压力，这究竟是为什么呢？

第一，比起父母，21世纪的青少年更重视朋友。青春期的孩子更喜欢和同学朝夕相处，毫无顾忌地分享彼此的内心想法，但是，和爱下“指导棋”的父母却是上对下的垂直关系，在一起会觉得“压力山大”，难以沟通。孩子们会觉得和同学、朋友之间

① 伊丽莎白·库伯勒·罗斯（1926—2004），美国作家。她是探讨死亡与临终经验的权威。——编者注

的相处相对轻松自在，和父母的关系自然就会越来越疏离。

第二，双方观点不同。家长通常会以“该做什么”来叮嘱孩子，而孩子往往以“想做什么”为出发点。举例来说，父母往往会对孩子说：“你要用功读书哦！”但孩子的内心想法是：“可是我只想玩。”于是就会和父母的意见相左。

以前曾流行一首名为《大人都不知道》的歌，歌词这样写道：“大人都不知道我们喜欢什么，也不晓得我们想要什么。”我们的孩子会觉得父母根本不了解他们。父母会根据事情的必要性来要求孩子，孩子则想要按照自己的欲望行动。因此，十几岁的青少年会抱怨父母难以沟通。这其实是非常正常的现象。

换个角度再来看看

“他们太权威了。”

“只有单向沟通，都不考虑儿女的立场。”

“不看我们的优点，只看缺点。”

这些都是当代青少年经常抱怨父母的问题，有趣的是，父母也会因为同样的理由对儿女感到失望。

我一度也非常怨恨我的父亲，因为我看到更多的是他的缺点而非优点。后来，我发现父母其实和我们一样不完美，他们也需要儿女多多体谅。为此我深感不安。

当初年少无知的我，如今却成了比谁都想要得到儿女称赞与体谅的父母，多年后我才终于意识到，当年我的父母应该和我现在的心情一样。令人惋惜的是，许多人都只会站在自己的立场思考，所以到最后原本关系应该最亲密的家人，反而变得陌生疏离。

只要父母善于察觉自己的失误，试着去理解儿女的立场，那么亲子关系就会拨云见日。同样地，儿女只要稍微改变一下对父母的看法，就会看见他们的态度不同于以往。转念是一件不容易的事情，但是只要稍稍变换一下角度，就能够创造出更好的局面。

不要将“获得”视为理所当然

改变自己对父母的看法，最简单的方式就是从过去你认为理所当然的事情中，找出要感谢的事，比如父母健在，生我养我、供我们吃穿，生病时担惊受怕、精心照顾我们。细心查看，你就会发现，其实值得我们感谢的事情数不胜数，以前却一直被我们视为理所当然而自动忽略。如果抱着一颗感恩的心，回想父母为我们所做的一切，相信不仅压力会变小，人生也会变得快乐许多。本杰明·富兰克林曾说：“如果想要被爱，就得先去爱人。”先爱人，自然就会得到爱；先心怀感激，就会有更多值得感谢的事情发生。这种“付出多少就会得到多少回馈”的思维，心理学领域称之为“互惠原理”（Reciprocity Principle），最终，我们感激的最大受益人也会是自己。

很久以前，我对初中生和高中生进行过一项调查，询问他们最想听到父母说什么话和最不喜欢他们说什么话，结果不分年龄和性别，学生们无一不是最想听到父母表扬他们“做得很棒”，那么父母最想听到儿女对他们说什么呢？可想而知，不外乎也是称赞。

8岁时，每次只要听到有人表扬我就会很开心；18岁时，被人夸奖我会感到无比欣慰；现在已经年过半百了，还是很喜欢听人家夸夸我。儿女们的称赞则往往会赋予我莫大的力量。

不论年纪大小，人只要被称赞，就一定会嘴角上扬。想要受人尊重、被以礼相待，是人类最原始的本能，我想你们一定也是如此。但是，不晓得各位是否也时常忘记承认父母的价值，给他们适当的表扬和鼓励。

“爸妈为我们做的事情是理所当然的。”

“爸妈很坚强，所以不需要安慰。”

“对爸妈说谢谢是既尴尬又害羞的事情。”

以上是许多人对父母抱有的错误想法。《马太福音》第七章第十二小节讲道：“无论何事，想让别人怎么对待你们，你就要怎样对待别人。”奇怪的是，我们往往对外人极尽礼貌，对待自己的家人却不是这么一回事。《圣经》里并没有特别说明“家人除外”，因此，记得对家人也要按照自己想要被对待的方式向他们表达谢意。

父亲与喜鹊

父母的爱远比孩子们想象中还要伟大，但是我们经常将他们的爱视为理所当然，而且往往稍微有点不满意，还很容易口出恶言。已故韩国知名大学教授黄树宽博士上节目时曾讲过一则故事，名为《父亲与喜鹊》。故事大意如下：

某天早晨，一名患有阿尔茨海默病的老父亲坐在院子里，他用手指着树梢向儿子问道：“那根树枝上站着的是什么东西啊？”

“是喜鹊。”

“噢，是噢。”

不久后，父亲又问了同样的问题：“儿子啊，站在树枝上的是什么啊？”

儿子语带不耐烦地回答：“都跟您说是喜鹊了！”

又过了不久，父亲又向儿子问道：“树上那是什么啊？”儿子终于忍不住大声吼道：“啧！都跟您说过多少次了！到底要我说几遍您才会听懂呢！是喜鹊啊，喜鹊！”

父亲神情落寞地嘀咕着：“对哦，你说过是喜鹊。”

不久后，父亲病情恶化，儿子只好把他送到养老院。整理父亲的房间时，他发现了父亲很久以前写的日记：

今天儿子在院子里玩耍，看见柿子树上停着一只喜鹊，他问我：“爸爸，那是什么？”

“噢，那个叫作喜鹊。”

“喜鹊！”过一会儿他又问我：“爸爸，那是什么动物啊？”

“那个叫作喜鹊哦！”才刚学说话的儿子之后又问了我整整23遍同样的问题，我看他一直重复问我同样的问题，只觉得很可爱也很神奇。那小子，真是个光想想就会令人嘴角上扬的“开心果”。

抱持着或许是最后一次的想法

原本还是小婴儿的各位，如今已是十几岁的青少年；当初的青葱少年摇身一变成了家长；以前的爷爷则很可能早已不在人世。人生无常，孩子会瞬间长大，我们现在虽然还年轻，但总有一天也会老去，所有过程都会稍纵即逝。

莫忘“一切都只是过眼云烟”的事实，让自己时时刻刻心怀感恩，从不愉快情绪中解脱。其实我们每个人的生命都在倒计时，总有一天会无法再相见。就连如同内嵌式家具一样总在我们身边的家人，某天也很可能会突然离去，很多家人都是在毫无预警的情况下与我们天人永隔的。所以，当你在生父母的气时，不妨想想今晚过后可能就再也见不到他们了，只要想着此时此刻是和父母相处的最后一段时光，那些平日习以为常的诸多琐事就会突然变得弥足珍贵。不仅如此，平常很容易使你生气的小事，也会觉得没什么大不了的。

你是否也曾为了读书而对母亲没来由地发过脾气？不想听母亲念叨而转身离去，暗自抱怨？认为父母为你所做的付出都是应该的，只要稍有一点不满意就摆臭脸给他们看？

我和大部分男生一样，上了小学以后就再也没有好好抱过母亲，甚至连牵手都没有。时隔三十多年后的某一天，我开始帮母亲按摩肩膀和双腿，因为我突然意识到，或许今天可能是我们母子相处的最后一天。我当时帮年近80岁的老母亲（现已去世）按摩着她的肩膀和双腿，摸到的却是皮包骨头，我难过自责，却又庆幸自己还把握住了和母亲相处的那段时光。

许多人总想着等有空了再孝敬父母，或者以为等明天再改善自己对父母的态度也不迟，明明在今天就可以执行的事情，硬要拖到明天再说。各位不妨想象一下，要是对父母说一句“我爱您”，家庭气氛会有多大改变，奉劝各位趁还来得及的时候说说看吧。要是觉得当面说实在太别扭，不妨发微信或电子邮件，说过以后你就会发现，自己才是最大的受益人，因为心情马上会豁然开朗。

其实，只要一个小小的举动，就能够让父母心情好转。以下这几件小事，各位不妨也亲身实践一下：

◆像聆听朋友说话般认真倾听父母说话。

◆以“爸爸加油！”这样的标题，发一封为父亲加油打气的电子邮件。

◆带一些好吃的东西回家，然后对妈妈说：“这是特地买给您吃的。”

◆和父母发生口角的时候，先低头认错。

◆早上早起，帮爸爸或妈妈做一件贴心的小事。

◆向父母表示需要他们的帮忙，吐露自己内心的烦恼。

◆以面带微笑地说“好，知道了”来回应父母的念叨。

行动清单

1.父母随时可能离开我们，马上为他们做一件力所能及的事情。

2.写一句向父母致谢的话。

3.假如今天是你生命的最后一天，试着给父母发条信息。

世界上你最讨厌的一句话是什么

成功的秘诀是：别人呼呼大睡时，你在点灯夜读；别人游手好闲时，你已未雨绸缪；别人只是心怀憧憬，你已着手建筑梦想。

——威廉·亚瑟·沃德①

如果让你选一句父母老爱念叨，而你听得耳朵都长茧的话，你会选哪一句？另外，你最讨厌听到的一句话又是什么？我相信大部分年轻人一定会选这句："去读书！"

1998年6月14日，在美国马萨诸塞州的一所高中，有位98岁的老奶奶坐着轮椅，迎着热烈的掌声和祝福，在一群比自己小80岁的应届毕业生的簇拥下接过了毕业证书。这位奶奶在家中排

① 威廉·亚瑟·沃德（1921—1994），美国著名作家。——编者注

行老大，她为了照顾11个弟弟妹妹，只好在小学三年级时选择休学。后来，她一辈子庸庸碌碌。可在两年前她却突然向养老院工作人员求助，希望可以重回学校读书。

养老院马上帮奶奶联络了当地一所高中校长，学校方面则招募了一群学生当志愿者，从旁指导奶奶的功课。尔后的一年半里，跟着志愿者一对一的辅导，奶奶每天都会花1小时学习语文、数学、历史、科学等，最后以98岁高龄顺利高中毕业。奶奶终于完成了毕生心愿，白发苍苍的她接过毕业证书后开心地笑了。

如果回到过去，你想做什么?

1997年，有份杂志在成人中间开展了一项问卷调查并做了专题报道，主题为“如果可以回到初高中时期，你最想做的事情是什么”。令人惊讶的是，学生时期那么讨厌的“读书”，竟成了大家竞相勾选的项目，选择这个答案的人高达66.9%；10年后，也就是2007年，抽样调查1307人的结果也显示，如果可以回到过去，大家最想做的事情依旧是“读书”（占51.6%）。我敢肯定，不管多少年过后，答案也会是一样的。

为什么当年没有机会求学的人都已经年过半百，却还是对读书这件事锲而不舍呢？为什么学生时期那么痛恨的“读书”，到了走入社会、长大成人以后，反而成了最想去做的事？

那是因为随着年龄增长，我们都慢慢体会到“痛苦总量均等”的法则，要是学生时期没有咬牙苦读，长大以后的日子也会一样不好过。不幸的是，许多真知灼见都要像这样事过境迁之后才会有所体悟，要是可以提早领略到这样的现实，我们的人生说不定就能少一些悔不当初了。

我正在建造世界上最棒的大桥！

美国富翁安德鲁·伍德初到美国时身无分文，他说“人对待工作的态度会左右他的成就”，并分享了以下这则故事。

有个旧金山少年看到三名焊工正在金门大桥施工，他走过去问第一名工人：“你在做什么呢？”那人颇为不耐烦地回答道：“你难道没长眼睛吗？我在赚钱啊！”

少年又问第二名工人，这人的口气听起来柔和多了，但依旧一脸不耐烦地答道：“我们在焊钢筋啊，没看见吗？”

最后，少年看向第三名工人，没想到他竟放下手边的工作，抬起头、面带微笑地答道：“我正在建造世界上最棒的大桥！”

上述三名工人在同一个地方，从事着同样的职业，领着一样的薪水，但三个人展现的态度却是截然不同的。

大家想想谁是最享受工作、最有可能成功的呢？我想，答案不言自明，应该所有人都会选第三名工人吧。

三个人对待自身工作的态度怎么会有如此大的差异呢？因为每个人看待工作的想法不同。要是你正在温习功课，同样有个人跑来问你在做什么，你会带着什么样的表情给出什么样的回答呢？

读书的五大误区

哈佛大学图书馆里张贴着一段标语：“读书不是人生的全部，但要是连这点小事都征服不了，还能成得了什么大器？”读书其实是我们需要做，也是该做的事，只不过对读书有误解，才会一想到就乌云罩顶、愁容满面。凡是痛恨读书的学生，大多对读书抱有以下几种偏见。

◆读书是无聊、痛苦的根源

许多学生会把读书视为难以摆脱的枷锁，一说读书就觉得痛苦难耐。事实上，读书并非痛苦的根源，而是满足好奇心、提供快乐的源泉。

◆不读书也能成功

许多人以为，只要从事运动类项目或自己做生意就不一定需要读书。事实上，要想在某个领域崭露头角，就必须深耕细作、认真研读相关知识。

◆读书对工作无益

的确，出了校门以后，学校里学的三角函数或化学元素几乎用不到。但是，学习这些知识实际上是在训练你的学习态度与解决问题的能力，将来不论从事什么工作，你都能因此受益无穷。

◆读书无技巧而言

许多学生误以为“读书没有什么章法”，也就是没有什么窍门，但其实就好比世上所有事情自有其道一样，读书同样也需要高效的学习方法。

◆读书是要咬牙苦撑的事情

很多学生读书跟上断头台似的，以为一定要咬牙苦撑才行，可是，既然横竖都要读下去，不如干脆挤出一抹微笑，或许书本就会变得有趣一些。因为人一旦先改变了面部表情，心情就会自动跟着改变，我们称此为“面部回馈理论”（Facial Feedback Theory）。

你只在脑海中“改变自己的人生”吗？

幸福的成功人士和不幸福的失败人士绝对有着不一样的想法，做事方式也一定大不相同。

“过不一样的人生”，就是用不一样的计划管理自我和面对世界。如果你不满意现在的人生，就要改变你的人生计划。一直按照现在的生活方式过活，只会不断得到同样的结果。世上绝对没有自己一成不变却想要人生改变的道理，因此，若要活出不同于以往的人生，就得开始尝试新方法。

尽管只是微不足道的小事，只要用不同于他人的态度面对，最后就能缔造出非凡、伟大的结果。略微调整一下心态，原本极度厌恶的事情最后很可能会变成满心期待的事情。若要这样，就得先抛弃偏见，甩掉消极负面的态度，然后再寻求解决办法，不断尝试和实践，直到找到更好的方法和技巧为止。如此一来，我们原本极度讨厌听到的“去读书”，就会变成迫不及待的“来读书吧”。

行动清单

1.为什么大人会异口同声地说最想做的事情是读书?

2.从现在起，有哪些对读书的刻板印象是你需要改变的?

3.你应该带着什么样的表情读书，为什么?

如何做到80岁也能改变从小养成的习惯

习惯是自己养成的，所以改掉习惯也可以自行完成。

——乔治·温伯格①

俗话说："三岁习惯，八十难改。"习惯，其实就是一种不断重复的行为。

前来找我接受心理咨询的人当中，有些人会因为不满意自己的人生而向我抱怨："我不晓得自己为什么会变成这样。"有些人则会认为自己的日子过得不如身边的朋友，于是委屈地对我说："那些人真是幸运。"

要是觉得自己的人生不尽理想，最该做的事情就是先回头检

① 乔治·温伯格，美国心理学家。——编者注

视自己。每一项结果都必有其原因，拥有幸福人生的人一定自有幸福的理由，反之亦然。之所以这样，关键在于个人习惯。要改变习惯，我们首先要察觉并理解为何会有那些习惯存在。

习惯存在的原因

上一年级时经常早起去上学的学生，到了二年级同样会提早到校；和朋友们聊天时会咬指甲的人，上课时也一定会忍不住咬指甲；语文课上会抖脚的学生，化学课上自然也会抖脚。不论我们的习惯作用如何，都一定有其存在的理由。

◆为复杂的世界建立快捷方式

习惯有好有坏，不论习惯作用大小，它的首要魅力在于：为芸芸众生提供一条捷径。要是每天早上都要用不一样的方式进行盥洗，大家一定会痛苦不堪，因为我们要操心的事情实在太多，体力和时间都是有限的。

◆可以获得正面评价

不论在哪个圈子，经常改变心意和行为的人，很容易被贴上“善变”“举棋不定”等标签，严重的话甚至会被当成神经病。反之，维持一贯态度的人则会被认为是“有始有终”“意志坚定”“明确”的人。

◆为了捍卫自尊，习惯自我设限

假设有两名学生，一名平时认真做笔记，另一名从来不记笔记，结果两个人期末考试都考砸了，请问哪一个学生会更觉得自尊心受挫呢？

答案很显然是前者，为什么？因为后者可以用没有做笔记当借口，合理化自己没有考好的事实，但是认真做了笔记却没有获得好成绩的学生就会归咎于自己脑瓜不灵。心理学上称这种为了捍卫自尊而习惯自行创造借口的策略为“自我设限防御策略”（self-handicapping strategy）。

改变习惯的六种方法

许多人会下定决心运动，但真正持之以恒、贯彻始终的人少之又少。他们口口声声说着运动有益于身心健康，却从不身体力行，反而诉诸保健食品，因为他们清楚地知道，改变往往会伴随着痛苦。

同样地，下定决心早起背英文单词的学生何其多，真正落实的人却屈指可数，因为每天早起要牺牲香甜的睡眠，承担痛苦。我们经常因为不想挑战自我，也不想承受改变所带来的不便，而放任不好的习惯延续。

坏习惯无法斩草除根，只会被好习惯取代，试着用以下方法，将“三岁习惯，八十难改”这句话改成“三岁习惯，八十也能改”吧。

◆列出自己的习惯清单

试着列出自己与人相处或读书学习时的习惯，先从对人生有帮助的好习惯（应该做的）开始，然后再挑出对人生没有帮助的坏习惯（不应该做的）。坏习惯可分为两种：一种是坚持时间过长而形成的习惯，例如过度沉迷于网络游戏等；另一种则是坚持时间过短导致问题的习惯，例如不运动、不预习功课等。

◆看看可以获得哪些好处

习惯之所以成为习惯，一定有其存在的理由，这世界上没有无缘无故的习惯。要改变习惯，首先要想想习惯背后的原因和所带来的好处。

◆找找习惯的副作用

每一种习惯都有副作用，试着分析各种习惯的好处和坏处，然后再选出要改善的习惯（根据人生目标进行筛选）。

◆试着每天改掉一项坏习惯

要一口气把身上的坏习惯统统改掉是很困难的，不妨先从比较小的坏习惯开始，一步步打破舒适区。试着先改变微不足道的小习惯，比如换只手刷牙或换条路线上学，建立自信心后才能改掉那些真正严重的坏习惯。每个月不妨拿一天来试验，试着用不一样的方式生活。

◆多想想自己改变后的样子

不论是读书习惯还是拖延习惯，试着想象自己改掉那些坏习惯后的样子，尽可能想象得具体一点。不管是什么目标，只要逼真地去想象达成后自己满心欢喜的样子，就会充满想要改变的斗志。

◆承担改变所带来的痛苦

我们之所以会放任坏习惯，那是因为我们不想战胜自己，不想承担改变所带来的痛苦。试着找出一些非改不可的习惯，欣然接受改变所要承受的痛苦。

行 动 清 单

1.列出需要改掉的习惯。

2.列出需要培养的新习惯。

3.要改掉由来已久的习惯，现在可以做哪些事？

幸福与成绩无关，发挥你的潜力才是关键

对书呆子们好一点，将来你很可能会给他们打工。

——查尔斯·赛克斯[1]

俄亥俄州某高三老师曾写信向比尔·盖茨求助：

许多学生会说："比尔·盖茨连高中都没毕业就创立了微软，四十几岁就成为全球首富。"您的成功故事成了孩子们不读书的借口，请问我该如何回答他们才好？有没有什么好的建议？

比尔·盖茨回信大致内容如下：

① 查尔斯·赛克斯，美国电视节目主持人、专栏作家。——编者注

创立微软之初我放弃了就读大学，但是，后来我念了三年哈佛大学。据我所知，目前IT行业响当当的人物没有一位是高中没毕业的。除非有十足把握遇到了人生难得的机会，否则轻易放弃学业是非常不明智的选择，任谁都不可以这样做。

比尔·盖茨认为，有很多事情是一个人埋头苦读学不到的，比如和同学们一起讨论、头脑风暴、交换意见等。如果为了钻研某个领域而完全放弃其他领域，这样的做法也是很轻率鲁莽的，日后一定会为自己过分小看学校生活感到后悔万分。

学校里的差等生，社会里的资优生？

莱特兄弟、卡内基、福特、爱迪生、海明威、法兰克·辛纳屈（音乐巨星）……这些名人都有哪些共同点？

他们都是我们耳熟能详的人物，有着两个共同点：第一，他们都是在各自领域达到很高成就的人；第二，他们都没有大学学历。牛顿和爱因斯坦同样是受人爱戴的伟人，但在校成绩一样不佳。

有句话是这么说的：“学校里的资优生，出了学校以后就成了差等生。”也有人说：“幸福与成绩无关。”我们即使在某个领域做出了巨大成就，也不一定会享受到至高无上的幸福，除了幸福是极为主观的情感外，职场成功与否也可能和家庭或个人幸福是两回事。

但是，这些伟人的经历至少说明一点：学校成绩不代表一切。

不过，不去上大学或不读书难道就能保证成功或幸福吗？才没这回事呢！你要这样想就大错特错了。这种想法大概是按照下面这种错误的逻辑得出的谬论：

1.爱迪生和福特都没有大学文凭。

2.他们是世界级发明家和大富豪。

3.所以不用读大学也无所谓。

怎么样？大家觉得这样的推论符合逻辑吗？这里面有个逻辑陷阱，比尔·盖茨、爱迪生和福特等没有大学学历却获得成功的人只占极少数，其他创下丰功伟业的人大多是读了大学的。

要想凸显“不上大学也可以成功、幸福”，就应该改成以下这样的推论才对。

1.没上大学的人也可以幸福。

2.我选择不读大学。

3.所以我也一定会幸福。

如何找到自己真正喜爱的事物？

大家若一心想着“幸福与成绩无关”而疏于学习，那就要扪心自问三个问题：

1.我是否有异于常人的天赋？

2.我是否有热衷研究的事物？

3.我是否善于创新？

要是有一个问题的答案为“否”，那么前面提到的伟人故事就对大家的未来毫无帮助，因为他们都有着异于常人的天赋，不用任何人催促，也会自行设定目标，埋首钻研于自己感兴趣的领域。不仅如此，他们看待世界的眼光也不一样，能洞察机遇、预见未来。

在此，我不认为成绩好的人才能享受幸福，我只是想强调，不能够拿“幸福与成绩无关”或“学校的资优生，出了学校以后就成了劣等生”这种话来合理化自己的懒惰。

若想获得成功、享受幸福，关键还是要找到自己喜欢的事情。你还没找到自己真正喜爱的事情吗？没关系，只要喜欢上正在做的事情即可。成功的秘诀是做自己喜欢做的事，不然就是喜欢上自己正在做的事，然后不断钻研，秉承实验家的精神深入探究。

你要是一直把“幸福与成绩排名无关”挂在嘴边，建议你换个说法：“成绩差的就会不幸。”要是你天赋异禀，那就要努力打磨自己的才华，让人发现你是可造之才；要是还没有一技之长，就必须更加努力地开发自己的潜能，因此，更要全力以赴、专注于学业。

行动清单

1.写下平日对读书的印象。

2.你有哪些异于常人的才华？

3.找出不得不认真读书的理由。

弄假成真，来场正能量实验

不懂珍惜自己的人，也不会珍惜别人，更成不了大事。

——斯宾塞·约翰逊①

大家通常怎么评价自己呢，负面的吗？没关系，不是只有你会这样，所以别太担心，多数人都习惯用负面的角度来评价自己。

来，我们做个实验吧。

问问你的朋友：“你有什么优点？”我相信大部分人都会语带含糊地用“这个嘛……”来回应你。但是，如果你问他们：“你有什么缺点？”大家一定会如数家珍地告诉你，诸如“我很矮”“我长得不好看”“我功课很差”等。

① 斯宾塞·约翰逊（1940—2017），美国演说家、畅销书作家。——编者注

比起美好回忆，人类的大脑更擅长记忆不好的东西；比起自己擅长什么，我们更知道自己不擅长什么；比起自己喜欢什么，我们更晓得自己不喜欢什么。这种负面比正面更引人注意的现象，心理学称之为“负面效应”（Negativity Effect）。

提问方式不同，答案自然不同

许多人习惯自我否定，比如“我怎么这么丑？”“为什么我不如别人优秀？”等。我相信每个人或多或少都曾这样问过自己，但我的重点不是这样的问题不好，而是消极的问题会导致消极的答案，我们的情绪和行为也会趋于负面，这才是真正的问题所在。大家若要问自己：“我怎么这么差劲？”我想，以你的聪明脑瓜，一定能找出数以万计的负面答案，负面答案也会随之带来负面情感。

为了确认事实真伪，我们不妨进行一场实验。大家先问问自己：“我为什么这么讨厌数学？”那么大脑一定会给出这样的答案：“因为我没有数学天分。”“我不适合学数学。”然后浮现出更多学习数学方面不愉快的经历，最后你一定会直接放弃数学。或者，你可以这样自问：“为什么我这么不受欢迎？”你的大脑找到的答案肯定是“因为我好矮”“因为我好丑”等，然后开始陷入绝望、挫败、沮丧、自怨自艾的情绪中，不知不觉也会羞于面对他人，最后就真的会变成人缘不佳、不受欢迎的人。

不论何事，只要勤于练习就一定会熟能生巧。同样的道理，搞砸心情的念头也是，只要一直想、不断想，就会成为这方面的“专家”。不断问自己消极负面的问题，一直用消极负面的眼光看待自己，久而久之，就会变成抱怨、绝望、逃避的高手。要是你不想把自己搞成这样，就先从改变自己的提问方式开始。

我们不妨这样问自己：“我擅长什么？”“我要怎么做才能把数学学好？”“怎样才能和别人搞好关系？”相信我，你绝对会找到积极正面的答案。

成功人士更喜欢积极正面的问题，他们善于思考“什么方法可行”“怎么做才能达成目标”，而非“哪里有问题”。切勿忘记，美丽的问题才会开出美丽之花、结出美丽之果。

你是世界上独一无二的存在

每个人都是极具价值的存在，即使犯了很多错误，至今依然平平庸庸，也绝对不要苛责自己。其他人可以说我们一无是处，但是我们千万不要妄自菲薄。最能够爱惜自己、给予自己鼓励与安慰的人正是自己，最能使自己成长的人也是自己，大家都是这世界上独一无二的存在。

英国精神分析学者赫德菲在其著作《心理学的力量》（*The Psychology of Power*）中提到，他曾用握力测量器来测试正向暗示的作用到底有多大。

实验条件分为三种：第一种是不给受试者任何暗示，正常状态下测试握力，测出结果为平均101磅（约46千克）；第二种是对受试者进行催眠，不断给予负面暗示“你没力气”，结果测出只有29磅（约13千克）；第三种是给予受试者正面暗示“你力大无穷”，结果平均握力竟高达142磅（约64千克）。光是催眠自己“力大无穷”，握力就提高了近40%。

所有的爱都是从“自己”出发，自己的内心要先装满爱，多出来的才能够流向别人。各位只要对自己的看法微微改观，肯定自我的心态就会瞬间提升好几倍。这里给大家分享几种自我肯定的方法，大家不妨实践看看，相信你的心态也会随之改变。

◆把对自己的负面表述改成正面表述

试着把消极负面的表述“我不行”“我为什么会是这副德行”，变成积极正面的说法“我可以”“我很好啊”，找出令人沮丧的“自我批评式话语”，然后将它们转换成积极正面的说法。

◆刻意假装自己很厉害

假如你功课不好，就故意模仿功课好的学生；缺乏社交能力，就假装自己社交能力很强……久而久之，你自然就会用功读书，过上充满自信的生活，这在心理学中叫作“弄假成真原理”。

◆每天早上给自己一个微笑

最能让自己幸福的人正是自己，一觉醒来，不妨先照照镜子，然后对着镜中的自己挤出一抹微笑，可以的话打个招呼：“嗨！×××，不错噢！”千万不要忘记，自己要先喜欢自己，其他人才会喜欢我们。

◆睡前回想一下当天做得好的三件事情

找出三件自认为比平常做得好的事情，不一定要有多大价值或多么优秀，比如，“比约定时间提前5分钟到”，或者“给父母一个温暖的问候”，选三件日常小事就可以了。

行动清单

1. 找出自己曾经问过的负面问题，将其转换成积极正面的。

例：为什么我功课这么差？→我擅长什么？

2. 把贬低自己的话转换成为自己加分的话。

例：我很胖→我只是比较圆润

3. 写下一天中自认为做对了、做好了的三件事。

活在当下，改变未来

有两个人从同一扇窗户向外望，一个看见泥泞一片，一个眼中繁星闪烁。

——弗雷迪克·朗格布里奇[1]

“啊，好不想起床，又是无聊漫长的一天。”用这种心情迎接早晨的人，自然不可能拥有美好的一天。是用积极正面的心态迎接崭新的一天，还是选择消极负面、浑浑噩噩地撑过一天，其实完全取决于我们。

乐观的人一早起床总是轻松愉悦的，神情也显得开朗许多，因为他们会期待接下来一整天发生的事情；反之，悲观的人起床时

① 弗雷迪克·朗格布里奇（1849—1922），英国诗人。——编者注

会全身僵硬酸痛，表情也明显暗沉许多，感觉像是被逼着起床似的，因为他们会预设接下来一整天一定充满讨厌或不想做的事情。

早上一睁开眼，你的表情是什么？

试着早上一睁开眼睛就想象：“又要度过漫长无聊的一天。”我敢保证，你一定会连床都不想起。拖着好不容易起床的疲惫身躯，你走进卫生间准备盥洗，你看见镜中的自己，一脸无奈；一路上人满为患，真的好讨厌；匆匆忙忙抵达学校以后，早会时间要听老师的训话，同样令人厌烦；有些科目无聊得要死，有些科目难得要命，有些科目好无趣，有些科目则是老师不讨喜……总之，你对任何事都不满意，也总有抱怨不完的理由。

等你放学回到家以后，一定是带着“我好累”的表情，仿佛为父母做了极大的牺牲一样，将书包扔在地上。晚上就寝时，同样会暗自心想：“唉，好累，真是累人又烦人的一天，明天一定也是，有完没完。”一天就这样结束了吗？不，这种人应该连在睡梦中都会不停抱怨。

我们周遭总是充斥着难以解释的事情，所以可以生活在全新的一天，光这一点就足以让我们心怀感念。我们从新闻中可以了解到世界上发生着很多暖心的故事，例如，有大学生不顾自身安危跳下轨道救人，老奶奶把一辈子辛辛苦苦攒下的钱悉数捐给大学。

可是，这样温馨的故事却入不了爱抱怨的人眼里，因为人心会本能地忽视不符合自己期待的信息。要想每一天都美好绚丽，首先要做到完美地结束今天、开朗地迎接明天，这花不了你太多时间，5分钟内便可以搞定。

早上起床，不妨先感谢一下自己还有今天，并期待接下来会有好事发生。然后开始计划一天的行程，确定一件可以为别人做的事情，哪怕只是鸡毛蒜皮的小事，为同学讲个笑话也好，神情愉悦地跟父母道声早安也罢。大胆克服睡意，早睡早起，用微笑拥抱全新的一天吧，那么，接下来一定会有更多好事发生。

改变一天的“开始”和“结束”

上床睡觉之前，试着回想一下自己当天做了哪些值得称赞的事情，周围发生了哪些美好的事情，或者听到了什么令人动容的故事，想着今天又是美好的一天，并反省还有什么值得改进的地方。

举个例子，如果你是个生意人，每天关门前算一算当天的营收，感谢一下当天消费的顾客和一起工作的伙伴，用满怀感恩的心结束一天。不仅如此，还要检讨当天犯过哪些错误，有没有思虑不周的地方，如有要加以改进，这样才有望生意蒸蒸日上、收入节节攀升。

读书学习也是一样，当天课程结束后，要总结一下自己这一天的经历。同时，也要感谢帮助过我们的人。如果想要让自己变得幸福，最重要的就是时时刻刻对周遭一切心怀感念。

美国加利福尼亚大学戴维斯分校（UCD）教授罗伯特·艾蒙斯曾做过一项调查，他比较分析了每天会记下五件感恩事项的人和没有这么做的人的表现，结果不出他所料，前者明显比后者更为健康阳光，心理压力也较小。

用积极正面的心态开始新的一天，用充满感恩的心结束一天的生活，这种人要不幸福都很困难；反之，用“抱怨”开启一天、用“厌烦”结束一天的人，要幸福也很困难。试着用不同于昨日的思维迎接黎明，用不同于昨日的心态上床就寝，相信每天都会有全新感受。

有一天你会发现，自己已经蜕变成和过去截然不同的人，单单是改变每天开始和结束的状态，你的人生就会从此不一样。

行动清单

1.你以前上床睡觉和早上起床的时候有什么样的想法呢？

2.今晚你会带着什么想法上床就寝？

3.明天开始，你会用什么样的心态迎接清晨的到来？

如何安稳度过低潮期

走着走着，路上遇见一颗小石子，弱者将其视为绊脚石，强者则视它为奠基石。

——托马斯·卡莱尔[①]

读书读久了，有时会出现这样的情形：“不论怎么读都无法提高效率”“对读书这件事开始产生怀疑”“想要放弃”“莫名地感到厌烦”“难以专注、身心俱疲”等。

上述这些症状都是我们陷入低潮时会出现的。所谓低潮，是指运动员到了一定时期，原本运动效能一直都是持续向上的，但

① 托马斯·卡莱尔（1795—1881），苏格兰哲学家、评论家、作家、历史学家。——编者注

是过了临界点以后，比赛实力突然不如以往，开始出现退步的情形。对于职业运动员来说，他们一定会经历这种低潮，甚至有些优秀的运动员会因为深陷低潮期无法自拔而提前结束运动生涯。

学生同样会经历低潮期，有些学生本身拥有卓越的才华，却因身陷低潮而把学业搞得一塌糊涂。谁都难免会经历低潮期，但如何妥善应对、灵活克服才是关键。

经常找上门的“低潮期”

没有人愿意张开双手欢迎低潮期的到来，但是，不论喜欢与否，我们都不得不面对低潮期，为此要慎重应对，确保安稳度过。

人类之所以会出现低潮期，原因如下：

◆低潮就像疲劳，有助于人类生存

没有人可以全天24小时神经紧绷地高速运转。人类为了生存，需要在“紧张”和“放松”两种状态之间自由切换、协调生理节奏，就如同疲劳是用来防止身体能量过度浪费一样，低潮期同样是基于我们生存所需而产生的。

◆问题关键在学习方法或习惯

有些人陷入低潮期后，状态就会非常糟糕，持续时间也较长；有些人则是状况不大明显，一段时间过后就会自动痊愈。通常，我们的学习方法或读书习惯效果不大好时，都会身陷较严重的低潮期。

◆因为目标模糊、动机不明

大多数学生都会视读书为单调、无趣的事，尤其是在读书目标不够明确、动力不足的时候，更容易感到厌烦、意志力下滑，所以学习一定要有明确的目的。

◆因为心理矛盾与内心不安

孩子与父母、老师、同学出现矛盾冲突，或者父母对孩子期望过高，过多操心孩子们的成绩、异性关系等问题，孩子都可能会有心理阴影，这种情况下不管怎么努力，成绩也不可能大幅提升。

顺利走出低潮期的好方法

想要学会滑雪，一定得狠狠摔过并且学会如何重新站起来才行。同样的道理，不论做任何事情，想要成功，就必须先从克服低潮期的方法开始学习。技术再怎么高超的木匠，光靠木板也很难盖出华丽的房子，施工工具当然是越多越好，所以要努力寻找各种可以帮助你顺利度过低潮期的方法。

◆试着规划自己的人生蓝图

寻找想要达成的人生目标或梦想，设定好预计在什么年龄达成。另外，为了实现那项最终目标，过程中会经过哪些中继站（也就是一些小目标），分别要在什么年龄时完成阶段性任务，也都要设定清楚。现在不妨准备一张A4纸，描绘自己的人生蓝图，每当觉得自己陷入低潮时，就翻开自己的人生蓝图来自我勉励。

◆欣然接受低潮期的到来

聪明的人不会怨天尤人，他们反而会想办法应对问题。低潮期也是同样的道理，我们不要将它视为洪水猛兽，要学会欣然接受，把这当作考验我们耐力和应变能力的存在，然后试着思考有什么好的应对方法。

◆切莫急躁，坚持学习

假如我们已经身陷低潮期，记得要坚持日常的功课预习和复习。最重要的是，不要着急，欲速则不达。举个例子，运动员处于低潮期时，往往会想通过加强训练来摆脱低潮，但这样的做法只会适得其反。读书学习也是，用力过猛只会使低潮期拖得更久。切记，读书要重质不重量。

◆回想过去克服低潮期的方法

回想过去遭遇挫折失败时，自己是用什么方法重新站起来的。回首过往，你会慢慢发现低潮期只是人生当中的“过客”，自然就不会再那么焦虑不安。因为以前使用过的方法，很可能会是解决当前问题的最有效对策。

◆向亲朋好友寻求帮助

要是迟迟无法摆脱低潮，不妨向身边的朋友、父母、老师坦承，寻求他们的帮助，他们一定会告诉你各种各样的应对之策。即便有时得不到实质性的帮助，但向别人诉说一下也好，这就足以让人重整思绪、稳定情绪。

◆选择休息一段时间，让自己好好放松

有时候，不妨放下手边的事情，花几小时专注于和读书毫无关系的领域，尽情享受读书以外的事情。当你不再执着于读书，从心理上与读书保持一段距离后，反而会生出新的决心。这时最重要的是，事前让父母或长辈知道你为什么要这么做，否则很容易被误以为你是打算放弃课业或在挂羊头卖狗肉而发生不必要的冲突。

◆帮助别人就能为你带来自信

宽和待人、乐于助人，是有效摆脱低潮的方法之一。心理治疗专家为了治疗抑郁症患者，往往会建议他们做一些善事，因为帮助他人会提升自信，不论是进厨房帮母亲准备饭菜，还是帮忙照顾弟弟妹妹、看着他们做作业，相信你的心情绝对会变得不一样。

◆准备一个“决心笔记本”

用文字记录自己的希望、目标与决心是缓解内心自我怀疑的有效方法之一。文字不仅能开解复杂的心情，还可以使决心变得更为坚定。试着准备一个“决心笔记本”，用写日记的方式把想到的决心统统写下；或者，也可以在一张便条纸上写下“我的梦想是……”，贴在书桌前的墙壁上随时提醒自己；另外，也可以写一封给自己的勉励信。用文字记下来，可以帮助自己随时阅读思考，也更容易稳定自我怀疑的不安感。

◆想象未来达成梦想的自己

读书读到厌倦时，不妨想象自己达成目标时的模样，比如以本省高考第一名成绩考入大学而接受媒体采访，或者与很重要的人一起分享内心的狂喜，尽可能生动逼真地想象实现后的画面。要是有心目中理想的大学，也可以去实地逛逛，然后想象自己已经是那所学校的学生，相信回家以后自然学习动力满满。

◆想象最糟的情况

人类之所以有做某件事情的动机，恐惧是最大的原因。当你对读书感到厌烦时，不妨想象自己落榜后的样子，现在的好朋友几年后都找到了属于自己的路，和你过着天壤之别的人生，你和他们再也不是同一个世界的人，而现在的你却还在彷徨。只要想象这些画面，你一定会知道自己该怎么做。

◆找寻克服危机的实际案例

当自己身陷困境时，能够重拾勇气的重要方法之一，是向那些比自己还要困苦、最后却战胜苦难的人学习。当你学不进去的时候，与其勉强自己咬牙苦撑，不如停下脚步，看看书里或电影里那些身处逆境仍不屈不挠、最终迈向成功的人的故事，你会从他们身上获得勇气与力量。

隔年结果的果树

大家不知是否曾听说过，果树会隔年结果？也就是一年结果，一年不结果，如此轮流结果。明明年年丰收是最理想的，为什么果树要隔年结果呢？

因为要是年年结果，果树的生长期就会缩短，为了让来年可以果实累累，果农干脆让果树休息一年，好好补充足够的营养。人类的低潮期，其实就像果树隔年结果一样，不如把它当作一种警示，提醒你该放慢脚步，安排一段自我充电的时间，正所谓“蹲得越低，跳得越高”。

一个人能否成大器，不是看他平步青云时如何作为，而是看他跌入谷底时如何翻身。瑜伽大师斯瓦米·维韦卡南达曾说：

“如果你一天都没遇到任何问题，那么，表示你的路走错了。”低潮是唯有认真努力过的人才会经历的情形，从未遇过低潮期，也就意味着从未认真努力过。面对低潮期，不妨想想其存在的理由，沉着淡定地面对。

行动清单

1.阅读完关于“低潮期”的内容以后你有什么感想？有哪些新的领悟？

2.你以前什么时候遇到过低潮期？当时是如何面对的？

3.从今以后，你可以做哪些努力来克服低潮？

Chapter
2

改变人生的目标设定术
——WISE核心与SMART原则

成功的原因大同小异，

失败的原因也大同小异。

每天早晨起床问问自己：

“今天我能做什么？”

政宇啊，

要想成功，

首先要想清楚自己到底想要什么。

目标确定之后，一切就会变得不一样。

你结交的人跟以前不一样了，

经常去的地方也会不一样，

浏览的网站也不一样了。

五年、十年后，和漫无目的的人不一样，

你会按照自己想要的方式好好地生活。

长大后的你，正在做什么

没有目标的人，将被判处无期徒刑，即要为有目标的人效劳终生。

——齐格·齐格勒[①]

“你长大以后想做什么？”

这是大人最爱问小孩的问题，但也是小孩最难回答的问题。不过，究竟为什么大人这么喜欢问小孩这个问题呢？那是因为随着我们长大成人，会渐渐领悟到人生其实就是一趟旅行，启程前要先选好目的地，这样会大幅降低失败的可能。出门旅行要先选好目的地，同理，想要得到什么，就要先确定好自己想要什么。

① 齐格·齐格勒，美国杰出的推销员、世界销售点子大王。——编者注

到现在为止，帮孩子们选择目的地、带领其抵达终点的司机必然是父母，之后他们还会当一段时间的向导。然而，没有哪位向导会带着你游走一辈子。因此，以后就要由你自己，而不是别人，坐上驾驶座，亲自操控“人生”这辆车。

为什么我们总是对“目标”敬而远之？

“目标？我当然知道目标的重要性，但我还是不想去思考这件事。”

有些读者一定会这样发牢骚吧。那么，我想问一下：“为什么不喜欢思考目标呢？”大家可能会这样回答：“没有为什么。”

果真如此吗？要是大家真的还没有设定好明确的目标，或许是因为以下几种原因。

◆因为还不够痛苦

自认为目前状态还不错，没到走投无路的地步。人类是非常倔强的物种，往往不见棺材不掉泪，一定要足够痛苦，才会想要去改变。

◆不晓得目标的重要性

那些没有明确目标的人中，很多人根本不懂目标的重要性。正因为如此，他们不曾想过目标，也难以设定具体的目标。

◆害怕无法达成

韩国有句谚语："爬不上去的树，都别正眼瞧一眼。"要是有些人认为某件事情是干不成的，最常使用的策略就是"干脆不设定目标"。因为他们消极地认为，挫折感的根源来自目标，要是没有目标，就不会有痛苦，所以才会故意不去设立目标。

◆因为不想投入时间和精力

不论你的目标是每天早起运动、增强体力，还是戒掉网游、认真读书，想要达成目标，都必须战胜自己的欲望，投入相对的时间与毅力。我们之所以没设定目标，也是因为不想花时间和精力努力去实现目标。

◆被眼前的诱惑绑架

学习、运动、存钱，我们设定这些目标都需要过段时间才会有所收获，现在最需要的就是忍受痛苦。因此，许多人会禁不住一时片刻的诱惑，无法下定决心设定目标并做出改变，即使知道长期来看这样是对自己不利的。

目标不可或缺的原因

与成功人士一样，失败的人之所以失败，其失败原因大同小异。拿破仑·希尔对成功人士做了一项调查，结果发现这些人都有着非常明确坚定的目标，也都有使命必达的精神。他们对目标的执着，远比学历、智商和天赋更重要。

不可否认的是，目标对每个人不无裨益，原因如下。

◆目标会让人不再彷徨

出门旅行，事先确定目的地、预计抵达时间、选择好路线，然后开车上路，这样就不容易迷失方向。同样的道理，人若有确定的目标，一心奔着心中所想而去，就容易摆脱诱惑，不太可能浪费时间。

◆目标会让人探索合理有效的方法

人一旦有明确的目标后，自然就会找到达成目标的方法。尼采曾说："一个人知道自己为什么而活，就可以忍受任何一种生活。"当你有着非读书不可的迫切愿望和明确目标时，就会自动找出实现的方法。

◆目标让人不会轻言放弃

精神病学教授维克多·弗兰克尔通过自己的亲身经历发现，犹太人被强行收押进纳粹集中营后，幸存下来的并不是头脑聪明、身体最健康、营养又好的人，而是拥有具体目标以及非活下去不可的信念的人。每个幸存者都有明确的目标，所以才能在那么险恶的环境中珍惜生命，不轻言放弃。

◆减少无聊感，增加成就感

如果你漫无目的地做事情的话，就不知道能不能达成目标，也就不会有成就感。但是，哪怕是整理房间这样微不足道的小事，只要定好时间，确定要做成什么样，动起手来就会更容易、更有趣。

你若整日沉溺于智能手机或打网游，浑浑噩噩地度过每一天，表面看似快乐，但其实只是在帮电信公司或游戏开发商完成业绩罢了。从此刻起，要下定决心，好好选择，到底是要为自己的目标而奋斗，还是要浪费自己宝贵的人生，帮助他人实现目标呢？

没有目标的人，永远只会为那些目标明确者陪跑；把持不住诱惑的人，只能为目标明确的人效劳终生。

目标是人定的，一旦确定好后，它就会自动引领你前进。本杰明·富兰克林曾分享过自己的成功秘诀，当时他是这么说的：“我每天早上起床都会问自己：‘今天我能做什么事？’并且抱着这个问题开始和结束每一天。”

各位，你今天是抱着什么想法起床的呢？今晚又要用什么样的问题作为结尾？

行动清单

1.你以后要做什么？你的人生目标是什么？

2.你的人生目标还很模糊，原因是什么？

3.写下今天一定能实现的一项目标。

借口千百个，实现目标的理由只要一个

你想要成为什么样的人？不妨先告诉自己，然后去做该做的事。

——爱比克泰德①

“比起努力用功读书，懂得享受读书乐趣的人成绩更佳；然而，成绩最好的人往往是‘迫切需要读书’的人。我那时候就是有着不得不好好读书的迫切理由，所以才能有今日的成就。但其实我最讨厌做的事情就是读书。”这段话是一位“学霸”在某电视节目中分享的真实心声。

功课不好的学生，总会将各式各样的借口挂在嘴边，然而功

① 爱比克泰德（约55—约135），古罗马著名的斯多葛学派哲学家。——编者注

课好的学生，只会寻找不得不读书的迫切理由，使自己非读不可。理由不一定要多么高尚，不论是将来想创立慈善机构，还是想在心仪的对象心目中留下好印象，只要有足够的迫切性即可。

有位人气较高的魔术师曾经讲过自己学魔术的动机："当初，我只是单纯地想提升自己的异性缘，才寻找该培养什么兴趣的，最后我找到了魔术。"

有位政治家在大学期间同时通过了司法考试、外交官考试和行政考试，他提到自己为何那么认真地读书时说道："我长得其貌不扬，这是我最大的缺点，每次参加联谊会，都会因为身高差人一截、头大、长得不帅而屡屡遭到异性拒绝，所以我选择用功读书的初衷是不想再被女生看不起。事实上，当我成功通过那三个考试后，结果比我预想的还要梦幻。"

梨花女子大学的崔在天教授也说道："自从某天我找到读书的理由后，每当有同学找我一起出去玩，就会令我感到愤怒甚至难过。过去的我，也是只要听闻读书就会退避三舍的人。"

西班牙画家毕加索不也是为了女人而开始投身艺术的吗？不论读书、运动还是减肥，我们都必须找到非做不可、不能放弃的理由才行。

物理学家威利斯·惠特尼曾说："每个人都会为自己想做却做不到的事情，寻找成千上万个理由，然而，他们真正需要的其实是非做那件事不可的一个理由。”当你找到那一个不得不做的理由时，过去使自己犹豫不决的各种借口就会顿时烟消云散。

然而，对于不论是基于多么迫切的理由而开始的事情，意志再坚定的人也会有想要放弃的时候。实现目标、功成名就的人都会有一套行之有效的方法，让自己在想要放弃之际，仍旧朝着目标继续迈进。

WISE——成功者的共同点

达成目标的人都有四种重要特点：意志坚定（Willpower）、积极主动（Initiative）、持之以恒（Stamina）、激情热忱（Enthusiasm）。下面详细说明各个核心特质，大家对照自查，看看自己具备哪些特征，还有哪些是需要补强的。

◆W：意志坚定

意志坚定，一定要达成目标。目标设定后，必须秉着使命必达的坚韧意志和信念才能达成目标。

◆I：积极主动

不要等到真想做、有空或有余力的时候，要马上行动，坚决执行。要是你的目标非常重要，就别再蹉跎宝贵时间。只要对达成目标有所帮助，即使是微不足道的小事，也要立刻去做。

◆S：持之以恒

坚忍不拔、持之以恒、有条不紊地完成阶段性目标。成功的力量源自不达目标誓不罢休的毅力。

◆E：激情热忱

积极进取的心态，以及对所热爱的事情充满激情。不论是多么崇高的目标，只要不是发自真心地喜欢，遇到困难时就会很容易放弃。如果想要达成目标，最重要的前提是真心喜欢。

把目标写下来，贴在醒目的地方

一定要将目标写下来，尤其要贴在醒目的地方，不断鞭策自己，才不至于轻易放弃。

光凭脑袋想着“目标已经在我的脑海里”是不够的，要是不把它写下来，随着时间流逝，某天你会发现那个目标早已不再像当初那样清晰。

假如你的目标是要考上某所大学的某个专业，那么不妨写下“我是某某大学某某专业的学生某某”字样，贴在你的书桌前一眼就能看见的地方。这个明晃晃的“提示牌”将随时提醒你，证明你会为了目标坚持不懈、持之以恒地奋斗，即使有厌烦或痛苦的时候，也不会放弃。当然，你也可以贴在冰箱、笔记本、书桌或厕所镜子这些显眼的地方。一开始看到可能会觉得有些别扭，但这份别扭也会化作一股动力，让我们朝目标更努力迈进。

光是写下目标还不够，要不定时地检视目标完成进度才行。小时候的我，每次都会把学校要用的物品写在手掌上，每当我看到自己的手时，就一定会顺便看看手里的物品清单，根本不可能忘记。你们平时都是用什么方法让自己不会忘记目标的呢？

利用意象训练法

还有一种方法可以将目标牢记在心，就是寻找相关数据做成剪贴簿。

举个例子，假如你的目标是顺利进入某所大学，你就先从网络上搜集这所大学的一些照片，尤其是躺在校园草地上谈笑风生、在图书馆里埋首苦读的照片，都很适合打印出来，贴在书桌前显眼的地方。然后，试着把自己想成照片中的人物，或者专门去趟学校，四处逛逛，拍照留念。记得，不妨问问碰到的在读学生的入学秘诀。

要是没有时间或者距离太远而无法实际走一遭，也可利用照片编辑软件将自己放入该所校园背景当中。要是你的目标是以状元之姿入学，那么，不妨搜集每年刊登在报纸上的高考状元照片和新闻，不时拿出来看看。

然后在心里想象，具体要怎样才能达成目标，用生动形象的影像呈现每一个阶段，这样我们的大脑就会欣然接受需要认真读书这件事，而且这么做也更容易使自己内心安定。

像这样利用大脑自身工作原理，将目标达成后的情形以及实现目标的过程形象地呈现出来，促使自己能够更顺利地达成目标的方法，就叫“意象训练法”（Image Training）。

向成功者问路

想要登顶，就要向已经登上山顶的人问路。你的目标是什么？有谁已经实现了这个目标？要是已经找到效仿的对象，不妨确认一下他们的成功秘诀是什么。在某个领域已经攀上高峰的人，除了才华，往往还有他们特有的思维方式和行为模式。他们会用不同的观点看待事物，也会用不同的方式利用时间。

学习成功秘诀的最好方法之一，是亲自去见那些成功人士，听取他们的成功秘诀。一般来说，好多人会觉得自己就是个无名小卒，担心成功人士不肯见自己。事实正好相反，那些别有一番成就的人其实喜欢别人问他成功的秘诀到底是什么。

因此，杞人忧天大可不必，大胆去找你的目标领域里功成名就的人吧。要是对方远在天边，你可以给他写邮件提出心中的疑问。此外，还有一点要特别注意：要提供对方愿意慷慨解囊的理由。西方有句俗语："想要成为富翁，就请富翁吃午餐。"这话是不是很有道理呢?

达标时，给自己一点奖励

世上所有动物都追求快感与奖励，面对不愉快的经验则选择回避。因此，训练动物时，往往也会用食物作为"奖励"。人类也适用这套奖励机制，比如为了教小朋友见人要打招呼，大人最常使用的方法就是当他们打招呼时，给予微笑以及摸头等适时的称赞作为回应。

我们的大部分行为都是因奖励而习得的。不过，外在奖励依旧有限，若要能控制自己，势必先训练如何奖励自己。

如果计划好的事情顺利达成，周末不妨奖励自己看场平时想看的电影，或者和好友相聚，然后记得照着镜子对自己说："你做得很棒！"在这个地球上，也只有人类能给自己奖惩。

失败时，给自己一点惩罚

我们为什么会勉强自己去写讨厌的作业？又是为了什么努力让自己上学不要迟到？红灯亮起时，为什么驾驶员都会乖乖停车？理由很简单，因为要是不这么做，会发生更令人痛苦的事情，换句话说，就是会受到惩罚。

为了改善不良习惯或行为，人们最常用的方法便是惩罚。当然，大部分的惩罚都来自他人。然而，成功人士会自行设定目标，同时制订规则，当自己违反规则时，会自行给予处罚，以利于管理自我，这点是和一般大众最不一样的地方。一般人尽管发现自己正与目标背道而驰，也不太会去处罚自己。

◆想要活出别具意义的人生吗？

你得先制订奖惩机制，当自己做出有违目标的行为时，给自己一点惩罚才行。假如你的目标是“少看手机，多用功读书”，可最后没有做到，那就惩罚自己“少吃一顿饭，对家里进行大扫除”，或者“一周之内每天早起1小时，不看手机”来严格管控自己。

◆你每天花几小时思考“梦想”？

如果真想达成目标，一定不能遗忘目标，要随身带着目标列表，经常检视自己的行为。把每天一定要做的重要事项写在笔记本上随身携带，或者用手机时时刻刻确认自己每日目标是否达成，这未尝不是一种方法。

匈牙利足球英雄普斯卡斯接受记者提问："你成功的秘诀是什么呢？"

他这样回答："只要一有空我就会练球。"

"那不踢球的时候呢？"

"我会和人谈论足球。"

"不能谈话时怎么办？"

"我会思考关于足球的事情。"

从桌球到高尔夫球，所有球类运动的第一要领便是"紧盯场上的球"。如果想要达成目标，就不能遗忘你的目标，要不断思考再思考，迟早有一天你会找到方法；坚持如一地贯彻执行，总有一天你的梦想会实现。

现在的你，每天花几小时来思考、践行自己的梦想呢？

行 动 清 单

1.平时有无专属自己的目标达成方法？

2.设定一个本周一定要达成的目标。

3.为了不遗忘设定的目标，可以做哪些事情时时刻刻提醒自己？

运用SMART原则，找出实践方法

不能执行的计划不叫计划，只是意图罢了。

——彼得·德鲁克[①]

很多人每年制订的年度计划最后往往会虎头蛇尾、半途而废，究竟是为什么呢？其中有个非常重要的原因，就是我们只设定了目标，没有设定具体的执行过程。

决心分为两种：一种是目标意图（Goal Intention），属于目标指向型决心；另一种是执行意图（Implementation Intention），属于执行指向型决心。前者是指“要提升成绩”“要减肥”等只有目标的决心，后者则是带有具体实践方法的决心。

---

① 彼得·德鲁克，美国人，被誉为“现代管理学之父”。——编者注

假如有位学生设定了只有目标的决心，例如“这次考试无论如何我都要进步十名”；另一位同学则是设定带有具体实践方法的决心，例如“我要进步十名，所以在这次放假结束以前，每天要看完三个主要科目的网络教学影片，每天预习、复习3小时”。大家觉得，这两名学生谁比较有可能达成目标？不用说也知道，后者的可能性一定更大。

年度计划之所以会半途而废，因为它们属于“要减肥”“要戒烟”之类的目标指向型决心。事实上，许多研究也指出，包含执行方法的决心会比光有目标的决心达标率高出许多。

德国心理学家彼得·戈尔维策博士曾发表过一项研究结果，他当时选取了两组学生进行实验，其中一组只要求提供报告截止日期（目标意图组）；另一组学生则不但要提供报告截止日期，还要具体说明报告的撰写方法、递交地点等细节（执行意图组）。最后，对比递交报告情况，他发现目标意图组只有33%的人按时完成，而执行意图组的同学则有75%的人在规定期限内完成了报告。这项实验结果表明，不论制订目标时下定了多大决心，只要没有仔细规划过具体执行方案，达成目标的概率就会大幅降低。

让SMART原则助你实现目标

我们需要的不是空有一腔雄心壮志，而是要制订切实可行的目标，因此，我们对目标一定要有清楚的认知，目标要明确具体。

心理学家建议，最好使用SMART原则来设置清楚明晰的目标。根据这个原则，有效的目标具备五项明确的特征：清晰具体（Specific）、可衡量（Measurable）、有行动导向（Action Oriented）、务实（Realistic）、有时间限制（Timely）。

SMART原则，刚好是取这五个核心要素的首字母组成。若要设定较易达成的目标，最重要的是先通过以下几点进行检查。

◆S：目标清晰具体

如果定的目标跟“这次放假要过得充实一点”“提升英文能力”一样空泛，那实现的可能性微乎其微。目标越具体，越容易实现。比如，目标设定为温习专业知识、旅行、运动等，还要确定何时、何地、何事、如何做、做到什么程度等细节。

◆M：目标可以度量

一个人若下定决心趁放假的时候减肥，但是单纯地把目标定为“变瘦”，最终肯定会以失败收场，为什么呢？因为他没办法量化自己的行为结果。要让自己坚持不懈地向目标奋进，一定要能够明显看见结果变化才行。所以，与其设定目标为“变瘦”，不如把目标改成“瘦5千克”，那么达成的可能性就会相对提高。同样地，比起“提升英文能力”，不如设定“一天背10个，一个月背满300个英文单词”，这样目标达成的可能性会更大。

◆A：目标以行动为导向

如果你将目标定为“当一个和蔼可亲的人”，那一定很难实现，要改成“每天向一位从未打过招呼的人问好”这样才行。也就是说，想把目标落到实处，就必须设定“以行动为导向”的目标。

想要存钱，就不能定“要省钱”这种需要思考的目标，应该改成“每周存100元”这种体现具体行动的目标，才更有可能实现。

◆R：目标可实现

一个体重96千克的人，光凭“做就对了”的幻想，打算在一个月内瘦到45千克，根本就是痴心妄想。如果把目标设定为“第一周不继续胖，第二周减0.5千克”这种切实可行的目标，才更有可能实现。

若要养成实现目标的习惯，就得先从具体、可实现的小事开始做起。假如想要提升化学成绩，首先要找到适合自己的参考书，一开始只以最小范围为目标，认真精读，当目标达成以后，再渐进式地提高难度。

◆T：合理的时间要求

失败的目标还有一种特征，就是没有确定好达成目标的时间。设定与执行目标的时候，一定要把时间因素考虑进去。

首先，要确定目标达成日期，不是“总有一天，我一定要减重30千克”，而是“我要在三个月内减重5千克”；其次，要检查自己设定的期限是否合理，时间定得太短或者太长都不容易达成目标。人类往往会配合截止日期来调整自己的行为，时间要是安排得过于松散，就会使我们变得怠惰，距离目标达成也会遥不可及。

帕金森定律教你设定有压力的截止日期

我布置作业的时候，往往会限定时间，有时要求在一周之内完成，有时则会规定到学期末（两个月后）再交。有趣的是，两种不同时间要求下，晚交作业和未交作业的学生人数仍然差不多，而且作业质量也没什么差异，这究竟是为什么呢？

假如你有一天的时间写信，那么，这封信就一定会花你一天的时间。你可能会花1小时来想要写给谁，再花1小时考虑写什么内容，找寻纸笔又花掉30分钟，写到一半再去泡杯咖啡、发呆、接电话，又1个半小时过去了，然后发现没有信封，再花1小时跑去买信封。

你可能会抱怨，为了写一封信竟然可以忙上一整天，耗费不少体力与精力。

但若要求你在30分钟内寄出一封信，我相信，你一定会在限定的时间内完成。时间拖得越久并不等于结果越好，相反，时间越有限，工作效率越高，这才是人类的本能。

换言之，时间越多，越容易出现不必要的琐事。英国历史学家、社会经济学家诺斯古德·帕金森观察到，不论实际工作量多寡，公务员人数还是会持续增加，由此提出了帕金森定律。

干什么事情，关键在于效率，而不是时间长短。如果留了太多时间，自然就会冒出许多不必要的杂事。所以，我们在做计划时，不妨把日程安排得稍微紧凑一点。大家平时都是如何安排自己的日程的呢？

行 动 清 单

1. 目标指向型决心大部分都会虎头蛇尾、不了了之的原因是什么？

2. 你以前下定的决心属于哪种类型？

3. 用SMART原则定个小目标并亲身实践。

你现在最重要的事情是什么

富人是先投资，再花剩余的钱；

穷人是先花钱，再用剩余的钱来投资。

——吉姆·罗恩①

社交网站上曾经疯传过一篇题为《论学习成绩不好的原因》的文章，内容如下：

1.一年有365天，扣除休息日（星期天）52天，剩余313天。

2.暑假平均60天，扣除后剩下253天。

3.假设每天睡8小时，一年就睡掉122天，剩下131天。

4.每天做运动和杂事1小时，一年就会花掉15天，剩下116天。

---

① 吉姆·罗恩，美国杰出的商业哲学家、成功学之父。——编者注

5.一日三餐和吃零食花2小时，一年下来就是30天，剩下86天。

6.一年总共有30天要考试，这段时间无法读书，所以只剩56天。

7.扣除寒假平均25天，只剩31天。

8.扣除法定假日20天，只剩11天。

9.一年有8天因为生病而无法读书，扣除后只剩3天。

10.还有3天满心焦虑地等待考试成绩出来，因此，剩下的日子是0，根本没空读书。

一年365天，要是找尽借口敷衍搪塞，最后能够读书的日子当然所剩无几了。

功课好的学生都是先读书再玩乐，功课不好的学生则是先玩乐再读书；功课垫底的学生甚至是先尽情玩乐，剩下的时间拿来休息，然后再满腹牢骚地抱怨："快被功课搞死了。"

有些学生会认为要趁年轻时多玩乐，所以无时无刻不在玩。但是，这种人往往只知其一，不知其二，因为读书也是要把握时机的，要是年轻时只顾着玩乐，等年纪大了就没办法真正享乐。

先挑与目标相关的重要事项

现在的青少年要做的事比以前的孩子多，放学后还要上补习班、家教课或者自习来查漏补缺，方能在激烈的竞争中存活。不过，现在的孩子面临的诱惑也多，打游戏、联谊、看电影、玩手机、浏览社交网站、上网聊天等玩乐项目数不胜数，多到一天24小时都不够用。

那么，面对众多纷纷扰扰，我们到底应该先做哪件事呢？

首先，我们要先分清事情的轻重缓急，从中挑选最应先做的事情来。要是我们有永无止境的时间，大可尽情玩乐、率性而为，但时间总是不够用的，所以凡事要分清轻重缓急。

坐享成功人生的人，都是先做和目标相关的事情；反之，失败的人则先把时间用在一些无关紧要的事情上，只想着玩乐。

自主人生，得学会拒绝不重要的事

这个世界光是用功苦读，也不一定就能成功与幸福。享受人生固然重要，但要想将来可以享受更长远的快乐，首先要懂得事有轻重缓急，不重要的事情则要断然拒绝。

千万不要以为同一间教室、同一所学校、穿同样校服的人，将来就会过类似的人生，这可是天大的错误。想要主宰自己的人生，你首先要懂得拒绝那些有趣却不重要的事，久而久之，你一定会发现自己已经和无时无刻不在玩的朋友身处不同的世界。

觉得不可置信吗？你不妨请父母给你看看他们初中或高中毕业纪念册，然后问问他们的同学现在都过着什么样的日子，你应该就能想到原本和你整天腻在一起的玩伴，最后会过着多么不一样的人生。用空气枪进行两百米射击时，只要瞄准角度偏移0.8度，子弹就会彻底偏离目标。而现在的你，只要改变一点点自己的想法，未来就会活在完全不一样的世界，希望每个人都能铭记在心。

如何让自己先做重要的事？

混社会混得不太好的人，多半都有相同的经历，就是以前选择把重要的事情延后处理，先做自己觉得有趣的事情。因此，选择自己觉得有趣的事情，弃置重要的事情，显然是不明智的决定。

要是为了满足当下欲望，只做自己觉得有趣的事，将来你就只能做无趣的事情度日。重要的事情通常都是无趣的，成功者只做失败者讨厌的事情，其实他们同样不喜欢做这些事，但是因为有着强烈的目标意识，所以还是会咬牙完成应该做的事，最后才能够出类拔萃。

如何按照事情的轻重缓急来做安排，需要注意以下几个方面。

◆制订待办任务清单（To Do List）

找出你想做的事情。想成为富翁吗？那么从现在开始，要做哪些事情能帮助自己达成目标？想实现目标，就得先确定什么是最重要的事情。假如你的目标是考上大学，不妨想想现在你最应该做的事情是什么？

◆制订避免事项清单（Not To Do List）

确定好待办事项后，接下来就要找出会妨碍目标达成的事项。其实，这一步比列明该做哪些事项来得重要。尽量在纸上写下每天该做哪些事情和不该做哪些事情。

◆一次只做一件事情就好

把十根筷子叠在一起，要一口气折断是很困难的，但我们可以不费吹灰之力就把筷子一根一根地掰断。成功的人做一件事时往往会倾尽全力，而不是一口气处理很多事情，因此更容易事半功倍，最终亦能把每件事情都做得尽善尽美。不管你的目标是什么，记得一次只做一件事情就好。

◆要会选择，取舍有度

我们每天都面临无数选择，比如要早到还是晚到学校，要吃炸酱面还是乌冬面。许多学生上课时心不在焉，人在教室，心却不知飘向何处了。其实，你都选择待在教室里了，就意味着要放弃这段时间做其他事情的可能，那就把心收回来，专心做在教室里该做的事情吧。

成功的人都懂得果断地放弃自己没有选择的事物，成功的企业同样是取舍有度、全心投入而创造的成果。

有钱人都是先投资再花剩余的钱，穷人则是先花钱再用剩下的钱去投资，这就是有钱人和穷人最大的区别。你是属于前者还是后者呢?

行动清单

1.设定一个非达成不可的目标。

2.要达成目标，最应该做的事情是什么？

3.最有碍你达成目标、最不该做的事情是什么？

“结果”先想好，开局不一样

决定成功与幸福的核心因素是长期认知（Long-time Perspective）。

——爱德华·班菲尔德①

爱德华·班菲尔德博士花了50多年研究成功与幸福的关键因素，最后他得出结论：“凡是社会上拥有较高社会地位的人，都有着长远眼光，会为10年、20年后做打算。”

此外，日本著名的经营管理顾问神田昌典也曾表示：“99%的人会根据当前情况预测未来，只有1%的人会以未来为立足点，思考现在该怎么做。当然，只有这1%的高瞻远瞩的人会获

① 爱德华·班菲尔德，哈佛大学教授。——编者注

得成功。”

成功人士往往能够立足未来、着眼现在，然后决定自己现在该做哪些事。我们心中要有理想的未来，以长远的眼光看待现在并选择此时此刻该做什么。

大家不妨闭上双眼，开始回顾自己过去的人生经历，以往的种种令你颇为得意还是恰恰相反？

填写你的“生命线”，改变未来

要决定以后过什么样的生活，我们得先学会与死亡妥协。大家一定很纳闷，怎么突然提到死亡了呢？其实理由很简单，因为死亡是我们每个人的终点。我们的所作所为都会和自认还能活多久有密切的关联，对死亡的认知会决定我们如何利用时间。如果你对目前的生活不甚满意，不妨先回顾过去，思考未来要用什么姿态离开人间。

关于自己，我们可以确定的事情有三件：第一，我们出生在这个世界（过去）；第二，我们总有一天会面临死亡（未来）；第三，我们还活着（现在）。

过去、现在与未来，刚好可以串成一条线，我们姑且称这条线为“生命线”好了。接下来，就透过这条生命线来检查一下自己的一生。

首先，大家希望自己能活到多少岁呢？请在下图填入预期的死亡年龄。我当然知道，这世上没有人能准确预知自己的死亡年龄，这里不妨试着预测一下自己能活多久。现在已是百岁时代，所以尽管大胆填入100岁。

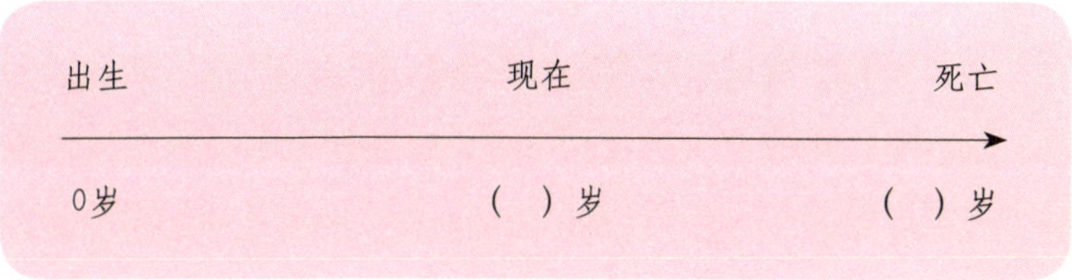

接下来，在生命线上“现在”的位置的括号中填入现在的年龄，再计算一下自己已经活了多久、未来还剩多长时间，分别写在生命线上。假如你现在18岁，预估79岁离世，那么就还有61年的时间可以存活，等于是18年的三倍之多。

现在，再来看看左边的“出生”栏，回顾一下过去的点点滴滴，你一定会想起许多曾经发生过的事情，正是这些经历造就了今日的你。过去的已经过去了，我们无法改变，但我们可以改变“现在”以后的事情。

切记，剩下的日子比过去多好几倍，也就是说，你可以改变的事物比改变不了的事物多了好几倍。

你想要什么样的墓志铭?

接下来，我们看看右边的“死亡”栏，每个人都无法预知，也无从选择将来会发生什么，但是，我们可以决定自己的态度和行为。首先，我们来做一件事：想象一下，假如你的生命马上就要结束，你的墓碑上会写什么内容。

有些人看到这里可能会觉得我怎么说如此触霉头的话，但是，那些被医生宣判人生没剩下多少时间的人都会异口同声地说：“当你知道自己生命所剩不多的时候，你对生活的感受就会和过去大不相同，也会用截然不同的方式过日子。”因此，若要学习如何活着，就得先认真思考死亡。

下面这段墓志铭虽然令人难以接受，但是我们不妨想象一下，假如你的墓志铭是这样写的，你会满意吗?

金哲秀，××××年生。他这一生想做的事情和想要的东西很多，可是他在学生时期却虚度光阴，看电视、上网、玩网游等，浪费了太多时间。然后抱怨自己一辈子一事无成，闭眼前最后一刻还在满口抱怨，最后孤独地沉睡于此地。

反之，也有光想想就令人倍感骄傲的墓志铭：

金孝晶，××××年生。她热心助人，投身公益，实现了人人称美的梦想，告别精彩的一生，安息于此。

墓志铭可能是别人对你一生的评价，也可能是自己对自己的评价。大家多检讨自己，想象一下自己的墓志铭，尤其现在的青少年，因为你们的路还长着呢，回想过去，检视以往种种，再高瞻远瞩，凝望未来。

画一张自己的梦想蓝图

现在，暂时放下这本书，想一想自己有什么梦想是一定要完成的，想在哪个年龄段实现梦想。

你可以画一张梦想蓝图，把想要达成的目标按年份、年龄排列，从最终目标回溯至现在，中间补充必须达成哪些阶段性目标。写好之后，把这张“梦想蓝图”贴在书桌前或者自己的笔记本上，以便于随时查看。然后看看哪些事是现在就可以做并且可以帮助实现目标的，每天完成一项以上。

自己想要实现的梦想还不够明确吗？

没有关系，大概画一下就好，不需要给自己太大压力，要是一心想着梦想必须具体，或者要把人生蓝图画得完美无缺，这样反而会使自己毫无动力去完成这张图。其实大家还很年轻，要是还没找到明确的梦想，慢慢寻找也无所谓。就算人生蓝图画得不甚完美，只要不断修正补强就可以了。

纵使仍有很多考虑不周的地方，只要画过人生蓝图，就会出现很多变化：做着和过去一样的事情会有不同想法，想做与不想做的事情会和以往大不相同。改变人生道路的最佳方法就是“更改终点”，改变行为最有效的方法则是“改变目标”。你们的人生蓝图，将改变你们的行为。

行 动 清 单

1.你有什么誓死要达成的梦想吗？

2.给自己写一段墓志铭。

3.给自己制订阶段性目标，以达成最终梦想。

如何制订成功的计划

没有人想为失败拟定计划，只是当初没制订成功的计划罢了。

——威廉·亚瑟·沃德

几年前，某调查机构在高考考生中做过一项调查，询问他们平日有没有做读书计划，如果有的话是否按照计划执行了。调查结果显示，成绩排名前4%的优秀学生当中，有94.1%会制订计划；成绩一般的学生当中则有79.3%表示“有事先拟定自己的读书计划”，这看起来并无太大差异。然而，当这两组学生在回答是否落实读书计划时，则出现了明显差异：成绩优异的学生有79.9%实施了计划，成绩普通的学生则仅有2.4%按照计划读书。

就这项调查结果而论，大部分学生都有读书计划，但是成绩优异的学生和成绩一般的学生的最大区别在于，前者大多会按照计划执行，后者则多半没能落实。究竟为什么会这样呢？

原因各式各样，但最重要的一条是因为大家拟定的计划不同，单从计划内容就可判断能否成功。因此，要想按计划达成目标，我们先要知道哪种计划更容易成功，哪种计划更容易失败。

你的计划是“时间”第一，还是“任务”第一？

许多学生会制订这样的学习计划：8：00~9：00复习英语，9：00~10：00复习数学。但是，学习的重点不在于投入时间的多寡，而在于能够学到多少，就像做生意的人收入多少，不是看开店营业时长，而是看一天总共卖了多少产品，我们的学习计划也一样。

“任务”第一的学习计划会比“时间”第一的学习计划有效很多，也就是说，要将“复习数学1小时”改成“解10道数学题”。这样做有三个好处：第一，会铆足全力尽快完成任务；第二，可以使自己全神贯注，提高学习效率；第三，增加自我管理的成就感。

绝对可以实现的计划是……

6：30 起床

7：30 吃早餐

8：00~9：00 做早操、跑步

9：00~10：00 休息

10：00~11：00 复习语文

11：00~12：00 复习英语

12：00~13：00 午餐

13：00~13：30 休息

14：00~15：00 复习数学

15：00~16：30 周一~周三补习美术，周四~周五上家教课

16：30~17：00 休息

17：00~18：00 阅读

18：00~18：30 晚餐

18：30~19：30 看电视

19：30~21：00 睡前复习

21：00~21：30 上网

21：30~22：30 写日记

23：00 睡觉

每到放寒暑假的时候，学生们最先做的事情就是制订一张时间计划表，这种计划通常是按照作息时间，从早到晚排满所有要做的事项。但是，如果像上面这样排入过多的事项，就会变得难以落实。

要让自己成功执行计划，最重要的还是一开始不要把计划排得太满，要安排得轻松点，让人不用费太多力气就能达成。

举个例子，第一周先安排自己背5个英文单词，第二周再背10个单词，循序渐进，逐步增加难度。

计划表中有没有让你乐在其中的事情？

如果一张计划表里全是读书事项，光看着就令人窒息，半途而废的概率也非常高。所以，计划表里一定要有自己真心想做、可以乐在其中的事情。

若你总是没办法很好地执行所制订的计划，那不妨在计划表里只放自己喜欢做的事，比如在计划里安排自己想看的电视节目、和朋友通电话、看电影、睡午觉、听音乐等，然后照此计划执行，这样你就可以体会到控制自我的成就感，内心就会产生这样的想法：“既然我都能做到这些事情了，其他事情应该也能办到。”一旦心里产生这种想法，原本厌恶至极的读书也能按照计划执行。

立足今天，计划明天

很多人没有按照计划行事，不全是因为怠惰、懒散或意志力薄弱，更多的是因为他们的计划里没有包含“今天”的内容。

我们通常都是计划“明天要做什么”，而非“今天要做什么”。经营管理之父彼得·德鲁克曾说过：“计划不是思考明天该做什么，而是为了明天，今天该做什么。计划明天很容易，这件事可能很有趣却毫无意义。”

要想顺利实施计划，就得想尽办法从今天起为明日的计划做准备。

不要只做“未来式”计划

所谓计划，就是规划未来要做的事情，但是，“从明天开始”就不如“从现在开始”的计划，它往往更容易以失败收场。

要是大家计划30岁前存100万元，那就不能等拿到第一份薪水以后再开始存钱，而是从现在起，哪怕只有100元，也要马上存入银行才行。

想要成功，请大声公开你的目标

心理学家斯蒂芬·海斯以大学生为对象进行了一项实验，他将学生分成三组，其中一组要向其他学生公开自己的目标成绩，另一组是把目标成绩默默放在心里，最后一组则是不用设定目标成绩。实验结果发现，将自己的目标公诸于世的学生，比其他两组学生的成绩高出很多；默默将目标成绩放在心里的那组学生，最后得到的成绩和根本没有设定目标成绩的那组学生差不多。由此可见，只有自己知道的目标，其实和没有目标没什么两样。

与其暗自在心里下决心："从明天开始，我要每天早上6点起床。"不如公开告诉家人自己的目标是什么，这样执行的可能性就会大大提高。如果想要朝令夕改、出尔反尔，那就把计划默默放在心里，但如果是想要彻底实现的目标，就一定要记得公诸于世。尤其是对那些自己非常在意的人，或者需要在对方面前保有自尊的对象，大胆地说出自己的目标吧，因为在他们面前，你更会想尽一切办法遵守诺言。

大家现在有什么事情是非实践不可的呢？为了有效落实决心，你会用什么方法公开你的目标呢？

行动清单

1.从自己做过的计划中找出一项没有完成的计划。

2.写下一个非达成不可的目标，并制订一份无论如何都要成功的计划。

3.看看现在有什么可以做的，据此制订一份成功的计划。

跌倒时，我会捡一些东西再站起来

我这一生最骄傲的不是从来没有失败过，而是每次跌倒后都能再站起来。

——奥利弗·哥德史密斯[①]

不管我们把目标定得多明确，计划执行得多系统，经常还是会以失败告终。举个例子，过年的时候我们决定今年无论如何都要把成绩提高，可落实的时候还是虎头蛇尾、三天打鱼两天晒网；或者我们下定决心一周不玩游戏，但可能当天就难以抵制诱惑、照玩不误。

有人想要放弃计划，心里想着“制订什么计划，反正也是白

① 奥利弗·哥德史密斯（1728—1774），爱尔兰作家、剧作家。——编者注

忙一场”。要是这就是你的真实写照，我想，你一定会自惭形秽。看着自己计划了却总做不到，你可能会觉得自己是个意志力薄弱、缺乏决心的人，甚至为此自责不已。

你不是没毅力，只是缺方法

请问大家是缺乏毅力的人吗？在我看来并非如此。我们每个人从小到大都是在失败中学习成长，毅力是每个人与生俱来的天性。试想一下，我们小时候是如何学会走路的？就算不断踉跄跌倒，依然会充满毅力地反复站起来练习，最后才越走越稳，世界上没有一个孩子是从没跌倒过就会走路的。

因此，说自己缺乏毅力其实是个错误的评判。如果你也曾因失败而放弃做某件事情的话，那不过是你没找到动力发挥坚强毅力，或者还没有学到有效坚持下去的方法罢了。

我们不必因为没能按照计划行事而倍感自责，每个人都会犯错，都有没按计划处理事情的时候，也没有人总会做出正确的决定，更没有人能解决世上的所有问题。

每个人都会偶尔做出错误的决定，这是再自然不过的事情。所谓失败，其实是一种机会，它让你可以事先寻找更好的解决方案，以应对将来可能面临的问题。

如果你会骑脚踏车，不妨回想一下第一次骑车的情景，你是一次就成功上手了吗？还是跌倒后膝盖磨破皮就放弃了？我相信一定不是这样的。正因为跌倒以后你没有放弃，而是重新站起来继续练习，所以你才成功学会了骑脚踏车。凡事在你有心把它做好之前，一定会历经各种挫折与失败。

我只是找到了数千种做不出灯泡的方法

多数人会消极地看待失败，认为这是件不好的事情，他们误以为不犯错误才是最理想的状态。但真的是这样吗？下面节选了《思考致富》的作者拿破仑·希尔第一次采访发明家爱迪生的谈话内容。

“请问您怎么看待自己经历了数千次失败才发明出灯泡这件事？”

“我从来都没失败过，反而还找到了数千种做不出灯泡的方法。我只是进行了上千次实验罢了。要得到满意的结果，这个学习过程是必须经历的。”

爱迪生看待失败的积极态度，使他成为人类史上最伟大的发明家。成功的人并不是没有失败，而是看待失败的角度、处理失败的方式不同罢了。

当计划进行得不如预期顺利，内心出现想要放弃的冲动时，不妨对自己说：“我只是完成了一次实验，下次一定会更好。”能重新检视计划、找出失败原因固然是好事，但是记得千万不要因失败而过度纠结或对自己太过苛责。

一种方法不够，还有第二或第三种可能性

路走错了，回头就好，你不需要将错就错、一意孤行，也不需要站在原地哭泣不止。读书就像探路，要是没能达成目标，就想想失败的原因，找出更好的方法即可。

想知道如何寻找更有效的方法吗？建议你选择下面讲述的方法。不论面临多小的问题，你都最好养成寻找解决方案的习惯。

假如你今天决定背20个英文单词，那暂且先闭上眼睛，回想一下过去用过哪些方法记单词，有些人可能只用了边写边记的方法，有些人则可能试过三四种方法，试过几种都无所谓。

接下来，试着想出五种背英文单词的方法，比如，边写边记，把单词写在便条上贴在家里各个地方，用录音笔录下来随时收听，向朋友或家人解说背下来的单词，让弟弟妹妹帮忙用要背

的单词出题……

坚持只用一种方法和手上有各种对策的人，你觉得哪种人更容易达成目标呢?

想想也知道，一定是后者。即使你已经试过各种各样的方法，也千万要把这句话铭记在心：“可能性还很多。”

先想个备用计划吧!

提到“全校第一名”的时候，你脑海中浮现的印象莫过于“读书”“读书”还是“读书”。不过，许多成绩第一名的学生跟你想象中的第一名一点儿都不一样。

我知道有个高一全校第一名的女孩就是个追星族，她会和朋友一聊就聊好几个小时，但是读书时一定会遵守一项原则：读书前会先花两三分钟想想读书出现分心的情况该如何处理。“要是英语语法读腻了，就看30分钟美剧，练习英语口语和听力”“如果化学读腻了，就停下做10分钟广播体操”……就这样事先想好突发状况的解决对策，我们把这种对策称为“备用计划”（Back-up Plan）。

不管你是多么喜欢读书的人，也会有懈怠或开小差的时候，如果事先想好对策，就可以防止自己陷入低潮期、虚度光阴。

失败后是原地踏步、自怨自艾，还是相信自己、重新站起来，这完全看你怎么选择。若你抚平情绪，耐心寻找对策，就会发现原来事情还有很多种可能性。

分子生物学家奥斯瓦尔德·埃弗里连续好几年实验失败，但他始终没有放弃，不断埋首于实验，最终成功发现DNA。当时，身边的人都曾问过他是否想要放弃，但他总是语带轻松地回答："怎么会呢，每次跌倒时我都一定会捡一些东西再站起来。"

失败不是终点，放弃才是结束。你是否也有过失败了却不肯放弃的经历呢？

行动清单

1. 写下自己因为一两次失败而选择放弃的事情。

2. 写下当时选择放弃的理由和失败后得到的教训。

3. 写下一件你想重新挑战的事情并事先制订备用计划。

Chapter
3

不要光抱怨没时间，要懂得时间管理和提高效率

时间是最公平的东西，

我们要学会合理、高效地运用时间，

来面对这个不公平的世界。

政宇啊，

时间是借不来也买不到的东西，

瞬间就会消失，

无法倒转也无法预留。

一天二十四小时，

每个人拥有的时间是公平的。

我们的命运，

是由我们如何使用公平的时间来决定的。

明明认真生活，为什么时间还是不够用

你所浪费的今天，是昨天死去的人奢望的明天。

——拉尔夫·沃尔多·爱默生[①]

“我平时睡眠时间短，生活节奏紧凑，自认为是个勤劳的人，生活也过得颇为充实。但是，详细列出日程后，我惊讶地发现自己每天还是浪费了很多时间，扣除3小时演讲，可以自习的时间竟然只剩1小时20分钟。”

演讲时间：3小时

① 拉尔夫·沃尔多·爱默生（1803—1882），美国思想家、文学家、诗人。——编者注

准备餐点、吃饭、洗衣服：3小时50分钟

打电玩、上网：2小时14分钟

和朋友聚会（喝点小酒）：2小时45分钟

打电话、看电视：2小时

在图书馆看报纸杂志：1小时30分钟

找资料、写报告：1小时20分钟

放空，躺着休息：1小时10分钟

上下课通勤时间及其他：1小时20分钟

睡觉：5小时51分钟

上述内容是一名学生听了我的演讲后，为了进行时间管理而观察记录自己当天的行程，并把他的心得感想也告诉了我。如果想有效管理时间，就得先看看自己在哪些事情上浪费了时间，仔细检查自己是如何度过这一天的。

为什么人总不自觉地浪费时间？

我们需要担心的不是一天只有24小时，也不是时间总是不够用，因为每个人拥有的时间是公平的，问题在于用错误的方法使用时间。许多学生会花很长时间在对自己没什么帮助的事情上。

曾经有人问米开朗基罗：“您究竟是如何雕刻出如此伟大的作品的？”

他回答道：“其实作品本身早就存在于花岗岩中，我只是把不需要的部分去掉了而已。”

时间管理也是同样的道理，要先剔除掉会浪费时间的事情，你才有更多时间投入到最重要的事情上，这就是著名的时间管理专家杰弗里・梅尔提出的“加减原则”（Plus by Minus Principle）。要排除掉浪费的时间，我们就要先了解浪费时间的原因。

◆认为时间是无限的

一天只有24小时，很多人意识不到这一点，总以为时间还很多，来日方长，所以整天虚度光阴。其实，时间的确是无限的，但是千万别忘了，上天给予我们每个人的时间是有限的。

◆重视及时行乐

失败的人通常着眼于当下，想尽办法满足当前欲望而蹉跎时光，就算明天有一场重要的考试，今天还是会把宝贵的时间用来上网、玩游戏、和朋友聊天等；可是，成功的人则会高瞻远瞩，把时间花在能够获得更大收益的事情上。就如同前文提过的，懂得合理运用时间的人往往有长远的眼光，优先处理重要的事情。

◆无法拒绝不必要的邀约

我们周遭总有想要剥夺我们时间的人，比如，朋友会跑来找你聊天，有人会找你一起玩，不必要的电话也会一直打来。有人能够拒绝借钱给别人，却未必能够婉拒别人不必要的邀约。能够让自己不因他人而浪费时间的最好方法，就是对不必要的邀约勇敢地说“不”。

◆什么事都要拖到最后才做

许多学生知道自己有很多事情要做，但就是会拖到最后一刻。其实，不管是准备学校用品还是写作业，只要是一定要做的事，最好马上处理。要是把该做的事情延后，就得花时间和精力让自己不要忘记做这件事。因此，我会尽可能立刻回复电子邮件，无须回复的邮件则直接删除。

◆毫不在乎如何使用时间

大家是否认真确认过自己怎么花费时间处理事情的呢？会浪费时间的最重要原因之一，就是根本不晓得自己每天如何利用时间。想要减少浪费时间的情形发生，就得先具体了解自己究竟浪费了多少时间。

检查一下自己是如何度过每一天的，确认自己从早到晚都做了哪些事情。把所做的事情统统写下来（可参考下表），对比一下哪些时间是浪费掉的，哪些时间则是花在有用的事情上的。

所做事项	开始时间～结束时间	耗时总计
有用时间＝　　小时　　分　　与　　浪费时间＝　　小时　　分		

行动清单

1.你是如何度过今天的？观察记录后有何感想？

2.写下自己浪费了哪些时间，哪些时间则是被有效利用的。

3.现在开始该怎么做，才能够让浪费时间的情形少发生？

每天15分钟，人人变专家

经常抱怨没有时间的人，其实是最不善于利用时间的人。

——让·德·拉布吕耶尔①

我带的研究生总是抱怨时间不够，他们很多人都会牺牲睡眠、读书到深夜，周末也会去自习。有趣的是，很多学生会不甘心睡眠时间减少，却会放任零碎时间白白流逝。

韩国学生之间甚至流传着这么一句话："四睡五不睡。"意思是每天睡不到4小时就能成绩好，要是睡5小时以上，就会考不上大学。可是，我们应该先好好检查一下每天的零碎时间是如何利用的，再考虑牺牲睡觉的时间。

① 让·德·拉布吕耶尔（1645—1696），法国作家。——编者注

时间和其他资源不同，它是公平且有限的，每个人一天都只有24小时，多一分一秒都不可能。不仅如此，时间无法向人租借，更无法用钱购买，每一瞬间都会彻底消失，所以也不可能先储存起来等之后使用。昨天过去了就永远过去了，再也找不回来。

尽管如此，还是有很多人任由宝贵的时间平白无故消失，或许是根本不觉得时间等于金钱，花钱请客时会感到心疼，但是对浪费时间却毫无感觉。

很久以前，我在某大学任顾问时做过一项研究。我把学生分成两组，一组是成绩优异领奖学金的学生，另外一组则是成绩不佳被学校处罚过的学生，分析他们的生活态度有何显著差异。

经过一番比较之后，我发现两组学生在利用两堂课之间和上下学路上等零碎时间的方式大不相同。成绩好的学生会利用这些零散时间来复习或预习功课，就连搭公交车、走路、排队时，也会在脑海中回想读过的内容，检查自己是否牢牢记住，等于在做其他事情的时候大脑也没闲着；但是，成绩不好的学生几乎没有利用零碎时间。

成功藏在你不在乎的“零碎时间”里

韩语中“零碎”指的是贩卖或使用到最后剩下的布料，这种碎布往往会被直接丢掉，不过这种碎布积少成多，如果妥善利用，还是可以做出漂亮的玩偶或坐垫，就如同夹杂在各种重要事项之间、很容易被我们浪费掉的零碎时间一样。

大部分人都会认为这种零碎时间没有意义，难以有效利用，但其实成功人士都会珍惜这种不完整的零碎时间，创造出与众不同的人生。

你是否也经常把“我好忙”挂在嘴边，但是仔细回想一整天所做的事，又觉得好像没做什么事呢？如果是这样的话，你就不得不承认是因为把一天大部分时间都切成了零碎时间，没能妥善使用所致。世界上没有人能把一天24小时延长，我们能做的事情只有最大限度地利用24小时，但这并不是要你牺牲睡眠时间，而是要你把握醒着的每分每秒。

假如每天睡8小时，你有16小时都处于醒着的状态，但不可能这16小时统统拿来看书学习，中间需要吃饭、通勤、等待、休息等，穿插着许多零碎时间。如何管理这些不完整的时间，正是分辨能否有效运用时间的最重要指标。

以前，我开展时间管理讲座时，曾请学生们回想自己如何利用一天的时间，并将其写在白纸上，然后隔天再请他们详细记录一整天的时间利用情况，结果两张纸一比对，发现每个人的回想和实际都有明显落差。

大部分学生在回想自己一天如何使用时间时，都只记得上课、通勤等耗时较长的事项；但对聊天、发呆、打闹玩耍等琐事都毫无印象。另外，即使是印象最深刻的读书，回想起来和实际记录的时间也有明显的落差。

因此，我们可以看出，人们其实对于自己实际运用时间的情况不是很了解。要想有效管理零碎时间，一定要先了解自己一天都做了哪些事，以及浪费掉多少零碎时间。

接下来，请参考以下几种零碎时间的例子，试着列出一个清单，检查一下自己一天花多少时间在做这些琐事。

寻找我的零碎时间：

上下课通勤时间、聊天、开小差、嬉闹、洗漱、上厕所、排队、走路、等人、放空、在床上翻滚、吃饭或喝下午茶、听音乐、上课前后的空闲时间……

人活70岁，一生有效运用时间只有27年

美国时间管理专家迈克尔·波特的一份时间使用调查结果显示，70岁的美国人，一生当中实际有效运用的时间竟然只有27年，他们平均会花5年时间排队等待，6个月用来等红绿灯，2年用来转接电话，4年用来做家务，6年用来吃东西，23年用来睡

觉……这些事情统统加起来总共43年。算起来，一天24小时，人们实际只利用了9小时。其实只要稍加留意这些白白流逝的时间，我们绝对可以有一番成就。

因提出奥斯勒氏结而闻名的加拿大医生威廉·奥斯勒每晚睡觉之前都会阅读15分钟，虽然15分钟只占一天当中的1%，但他知道日积月累下来，这15分钟也会变得不容小觑。

根据奥斯勒的计算，人的平均阅读速度为1分钟300字左右，15分钟差不多可以看4500字，一周7天下来就是31500字，一个月按30天算则是135000字，一年365天更是高达1642500字。假如一本书有75000字，每天阅读15分钟，一年下来就能读21本书。

15分钟往往都会被我们当成零碎时间随意打发掉，但是，每天只要妥善运用这1%的时间，一年下来就足够使你成为某个领域的专家，3年时间甚至可以写一本该领域的专业书籍。因此，千万不要小看这些零碎时间，别再让它白白流逝了。

值得注意的是，我所谓的妥善运用零碎时间，并非指一定要用那些时间来读书或背单词，也不是叫你无时无刻都不要停下脚步休息，这样的人生太苦闷了。我想要强调的是，其实这些零碎时间并非一文不值，只要妥善利用，一样无比珍贵，所以不要老是放任它平白流走。牛津大学万灵学院的钟塔上写着这么一句话：“消失的时间是你我的责任。”

如何利用零碎时间？

光知道一天当中有多少零碎时间，却不晓得该如何利用也是枉然，因此，我们也要思考如何利用零碎时间才行。建议大家善用上下学通勤时间，随身携带英语单词本或用智能手机背单词；随身准备一些读物，排队或等人时拿出来翻阅，不仅可以排遣无聊，还会因为自己有点事做而感到充实。另外，我们也可以在厕所和书房墙壁贴上自己要记的内容，简简单单几个动作，那些平常不在乎的零碎时间就能被彻底利用。

除此之外，课堂之间穿插的休息时间也可以拿来有效利用。你可能会纳闷，下课短短的10分钟能做什么事呢？其实，这10分钟可以用来预习、复习功课，只要翻开课本浏览一遍大纲和小标题，读读课本里的重要概念，想想这些概念与哪些内容有关就可以了，这样的预习已经做得很好了。

下课铃声一响，很多学生就迫不及待冲出了教室。我建议大家下课铃响后不妨先在座位上坐几分钟，回想一遍刚才上课的内容，检查一下自己还记得哪些重点，哪部分记忆已经模糊，这样方能有更多自由时间可灵活运用。

最后，还有一种方法能有效利用时间，就是利用手机的录音与播放功能来温习功课。不管是在公交车上还是街道上，我们经常可以看见戴着耳机的学生，但他们大多都在听音乐，其实也有学生会听化学元素符号、英文单词或外语会话等录音。据我个人经验，在无法边写边读的情况下，收听自己读过的内容是最有效的，这和看书阅读不太一样，它会带来前所未有的新鲜感。大家不妨想象一下，零碎时间只会听歌放空的学生，和自行将学习内容录制收听的学生，10年后分别会变成什么样子呢？

行动清单

1.试着列出一天当中流逝掉的零碎时间。

2.尝试思考要如何运用自己的零碎时间。

3.想象一下，每天运用1%的零碎时间，一年、三年后会带来什么样的改变？请用文字描述。

“时间小偷”正在绑架你的人生

人生本已苦短，为何还要把时间浪费在不重要的事情上，让人生变得更短呢！

——塞缪尔·约翰逊[①]

下面描述中符合自己的请画“√”，不符合自己的请画“×”。

出门时会先确认有没有带手机。

如果没带手机，就会坐立难安，心心念念想着。

经常因玩手机而没做好该做的事、没好好写作业或读书等。

---

① 塞缪尔·约翰逊（1709—1784），英国作家、文学评论家、诗人。——编者注

要是有一段时间手机完全没有动静，就会感到莫名空虚、心情低落。

一有空就会想看短信或给别人发信息、打电话。

上述情况中，符合你的描述总共有几项呢？

要是有三项以上是符合的，那就表示你已经沉迷于智能手机了。根据2012年韩国青少年政策研究院的调查结果显示，每10位青少年中有9位（90.1%）是有手机的，小学六年级前后的学生大部分都有自己专用的手机，3.7%学生月平均通信费为40元，11%的学生月平均通信费高达80元。

只要没有手机，就会坐立难安吗？

初中生和高中生入学或毕业时最想收到的礼物之一就是新手机，这就好比每一种事物都有其存在的理由一样，青少年会如此想要手机同样自有原因。有调查结果显示，青少年买手机的第一目的是为了维系同学关系，因为在人人拥有一部手机的环境下，要是只有自己没有手机，会很容易被当成班上的“怪胎”；要是其他人都联络不到自己，在同学中间也很容易被冷落或忽略，久而久之就会变成没有朋友的人。

除此之外，相较于固定电话，手机更为实用和私密，尤其上课时偷偷互发信息，更是枯燥乏味的校园生活中不可或缺的心情调节剂，光是发给同学一句“好困”，立刻就可以得到“快睡”等回复，或多或少减轻了上课的无趣感。不仅如此，在家里用座机与同学联络很难保障隐私，但是如果换成用手机打电话或发信息，就可以避免隐私外泄了。

其实千万别小看手机铃声的威力，因为就连准备跳江自杀的人听到手机铃声响，也会反射性地自动接起电话；当我们专注做某件重要的事情时，手机铃一响同样会自动接起。这其实源于一种不安全感，仿佛没有接到电话就会永远错过某件重要的事情一般。心理学认为这是人们对潜在损失感到焦虑或恐惧，所以不论我们在做什么事，电话铃一响，就会先接了再说。

我是不是已经网络成瘾了？

随着智能手机的普及，多数人用手机上网的时间也与日俱增。美国网络成瘾中心归纳出10种网络成瘾的症状，只要符合三种以上症状，就表示你很可能已经网络成瘾。

1.每天一定要上网，只要有一天没上网，内心就会感到空虚不安（不含工作所需上网）。

2.每次一上网就会忘记时间，经常一转眼就已经是凌晨了。

3.一整天都在上网，愈来愈少外出。

4.吃饭时间变短，经常在计算机屏幕前吃饭。

5.明明花很多时间在上网，却总是矢口否认。

6.周遭人士都认为你花太多时间在电脑上，但自己却不这么认为。

7.没来由地一直查看邮箱，要是没有新的电子邮件，就会感到沮丧。

8.想要公开自己的个人网站（包括给陌生人展示），然后无时无刻不在确认访问人数与点击率。

9.尽管自己已经忙得不可开交，但休息时间还是会上网。

10.上网时就连家人在身边都会觉得厌烦，要四下无人才会感到安心。

别把人生全部寄托在手机和网络上

当我们回想人生当中有什么趣事时，十有八九会想起某个特定对象。一个人幸福感的强弱取决于与他人的关系，这也是为什么大家普遍认为性格孤僻的人通常精神层面也有问题，这主要是因为人际关系在我们人生中极其重要。如果你片刻都离不开手机，那请想想究竟是什么原因使自己变成这样的？是因为一旦联系不上其他人，我们就会感到焦虑或恐慌，就好比幼儿时期要时时刻刻黏在母亲身边才会心安一样。

心理学家阿德雷盖尔曾选取两百名高中生做问卷调查，他将学生分成两组，分别是目标意识明确与不明确的学生，然后分析这两组学生日常利用时间的方法。后来他发现，前者比后者投入两倍多时间学习，后者则比前者投入两倍多时间看电视。

其实，会长时间玩手机、上网、看电视的人，都是因为缺乏自我目标意识。如果我们始终难以抗拒这些诱惑，就表示自己还没找到迫切想要达成的目标。

我们常常以为自己是在利用手机和网络，但其实一不小心就反被手机利用，把宝贵的时间、金钱、人生都托付给电信公司，虚度光阴。这一点务必要铭记在心。

行动清单

1.你今天看了多久手机，用手机都干了些什么？

2.你今天用了多久电脑，用电脑都干了些什么？

3.看着上面两个题目的答案，有何感想？将来打算如何利用电脑和智能手机呢？

不要光靠“认真”面对这个不公平的世界

我们真正该担心的，不是时间不够，而是把大把时间用在错误的地方。

——理查德·科克[1]

这世界上不乏认真努力、勤勉向上的人，但很可惜的是，光凭这样就成功的人并不多。多年经济萧条，很多人丢了饭碗，可能至今还未找到出路，这些人最爱抱怨的就是：“我以前那么努力，公司怎么可以这样对我……”不过，没有一家公司会因为你工作认真，就不管绩效如何，一直把你留在公司，这就好比即便老板认真守着餐厅，从凌晨营业到深夜，却未必会宾朋满座的道

① 理查德·科克，畅销书《二八法则》作者、企业家、投资人。——编者注

理一样。

因此，我们千万不要认为“凡事只要努力，就一定会得到应有的结果”，也别幻想只要努力就能赢得公平公正，事实上，这个社会更看重你的生产力有多高，而不是你有多认真。但这并不代表你不需要认真，要做成事，认真只是基本条件，还需要其他品质。

读书也是，光靠认真不能保证获得最佳成绩。要把书读好，认真固然是不可或缺的，同样还需要提高学习能力。不要只是努力学习，还要聪明高效地学习！

人生就是不公平——二八定律

一百多年前，意大利经济学家维尔弗雷多·帕累托发现英国少数人掌握着大部分收入和财富，此外，他还有两个富有深远意义的发现。

第一，某一个族群占总人口数的百分比与其所享有的财富具有一致的数学关系，也就是说，全国80%的收入集中在20%的人手里。第二，不论哪个国家、哪个年代，都呈现着这样不平衡的原则。

大部分成果、收益、结果源自小部分努力、投资、原因，因此努力与成果、投资与收益、原因与结果之间一直存在着固定的不平衡，此即为帕累托法则（Pareto Principle），也称为“不平衡法则”或“二八定律”。

后来，不少学者也用二八定律来解释许多社会现象，不论是社会、企业还是个人的人生，都可以套用来做解释，比如：

◆80%的比赛奖金是被20%的运动员领走的。

◆80%违反校纪校规的行为是由20%的学生干的。

◆80%的人际关系价值是由20%的关系决定的。

◆80%的通话是和20%的人完成的。

◆80%的上课内容只有20%的学生能够理解。

◆一本书中80%的核心内容只占20%的篇幅。

◆80%的成果是20%的时间投入完成的。

了解二八定律以后，多数社会问题就迎刃而解。举个例子，80%的交通拥堵是因为20%的十字路口所导致的，那么只要集中整治有问题的20%的路口就可以大幅缓解交通问题。

二八定律不光见于社会或企业问题，同样可以用来提升个人生活质量或解决读书学习方面的问题。我知道，很多人希望自己不管投入多少时间读书都能得到等量结果，认为这样才算公平，可是，按照二八定律，这是非常不切实际的想法。

如何用20%的努力创造80%的成果？

《二八法则》的作者理查德·科克就读牛津大学时就认识到了该法则的重要性。经过多年的研究努力，他最终成为这个领域的专家。刚步入大学校门时，他的指导教授曾说过这样一段话：

读书要先了解书中重点，先看结论，再看绪论，之后再回头看结论，最后再看看自己感兴趣的部分，绝对不要从头读到尾，除非你只是为了好玩，否则千万别这么做。

这位教授向同学们强调，单看书中20%的内容就可以判断整本书80%的价值所在。他按照指导教授的建议，分析了历年来的试题，结果发现80%的考题，其实都是出自该科目20%的核心内容。

从考官的角度看，他们根本不需要拿不重要的概念出考题，也很难按单元平均分配考题。因此，他们一定是从最重要的核心内容当中出题目。有了这项重要发现后，理查德·科克大幅度提升了自己的学习效率。最后，他比认真埋首苦读的同学拿到了更好的成绩，并且以最优秀的学分完成学业。

人们通常会以为这种学生是有小技巧才获得好成绩的，但其实他们只是掌握了世界运作的原理，重点在于你知不知道这20%究竟是什么。如果说，实际上80%的结果来自20%的时间与努力；那么，其余80%的时间和努力就只能创造出20%的结果，非常不具生产力。这件事是值得我们审慎思考的。

要是能提升生产力极低的80%的努力投入，我们所期望的成果就会加速实现。

如果至今你都非常认真努力读书，却见不到相应的成果，或许可以思考以下几点，重新调整自己的思想和行动。

◆找出有效的方法

许多人会强调自己工作认真，但其实大部分从事辛苦劳动的人，收入都相对较低；越是聪明、轻松工作的人，越能获得较高收入。拼了命地读很多书不是重点，如何用最少的时间获得最大效益，才是你要找寻的读书方法。

◆如果不得不读书，那就学会享受读书

千万不要认为“读书是不论多么辛苦也要咬牙苦撑的事”，天才赢不过努力的人，努力的人赢不过会享受的人，读书也是一样的道理。既然决定要读或者不得不读书，那不如就好好享受读书的乐趣，这样才能用更少的努力获得更大的效益。

◆抛弃效率低下的读书习惯和行为

回忆一下自己哪些投入回报率相对较高，从中找出哪些时间

点是你最为专注的时候，哪个场所是你可以专心致志而不受打扰的环境，谁是陪伴你读书最有帮助的朋友等，然后妥善运用这些条件，把低生产力的读书习惯、妨碍自己的活动统统抛掉。

◆玩乐的时候要尽兴

日常生活中最危险的事情莫过于为了赶时间而疲劳驾驶，许多人学习时会犯的错误之一就是对休息抱有罪恶感，日夜不停歇地读书、过度透支身体，这种人其实不会有多大的成就。

不管是自然万物还是我们的大脑，都需要一定的休息才能发挥其正常功能，休息的时候好好休息，玩乐的时候尽情玩乐，才能有较高的生产力。总而言之，切记一定要优先处理最重要的事。

行 动 清 单

1.读书认真和读书有技巧，你属于哪种类型？

2.阅读完帕累托法则之后，你领悟到了什么？

3.要提高读书效率，你还有哪些习惯需要改进？

利用“信号”能提高专注力

看看富人和穷人的书桌，富人的书桌绝对不会堆满凌乱的文件。

——博恩·崔西①

我们家老二读初中的时候，他的房间里贴了一张三人女子团的海报，有一天我好奇地问他：“为什么要贴这张海报呢？”他的回答是：“因为我喜欢啊，而且光是看着她们，心情就会很好。”的确，要是不喜欢、看了心烦的话，就不会贴在房间里了。

当我们拖着疲惫的身躯回家，或者为了准备考试而筋疲力尽时，看看墙上贴的那些海报，心情一定会得到疗愈。所以我相

① 博恩·崔西，美国个人成长权威人士、演说家、咨询家。——编者注

信，有许多青少年家里的墙上也贴着偶像的海报或照片。其实这样的行为没有什么不好，问题是它会成为一种信号制约我们的想法与行为，使我们浪费许多宝贵的时间。这样说是不是有点晦涩难懂呢？下面我们来举例说明。

如何利用信号诱发你的行动？

俄国生理学家暨心理学家巴甫洛夫做过一项实验，每次喂狗之前先响一下铃，重复进行几次之后，他发现狗只要听到铃声就会开始流口水，并称此为“条件反射”现象。后来，他发现人类很多行为也是通过条件形成而学习来的，也是一种条件反射。果真如此吗？

我们只要一听到手机铃声，就会反射性地寻找手机，为什么会这样呢？当然是因为我们知道铃声响了等于有人来电话的缘故，听见铃声接起电话的行为，和狗听见铃声就开始流口水其实是一样的。

接下来，不妨检视一下自己每天回到家以后，看见墙壁上张贴的偶像海报会有哪些反应和行为，诸如开始幻想与偶像见面、羡慕他们的成就，或者如痴如醉地欣赏他们姣好的体态等。

我相信，绝对不会有人看着那些照片心里想着“我要认真读书”。那么，要是这样的行为重复一两天之后呢？你很可能就会像巴甫洛夫的狗一样，每每看见墙上的海报或照片就会自动陷入幻想中。

要想把书读好，或者达成某个目标，我会建议你贴张能够刺激自己产生这种心态的照片。举个例子，假如你想成为有钱人，你就应该贴张有钱人的照片；想成为一名漫画家，就应该贴知名漫画家或自己崇拜的漫画家照片，这样你才会向目标对象看齐，产生和他们一样的想法和行为。

我不是巴甫洛夫的狗！

书桌上的物品同样也会变成一种信号，制约我们的想法与行为。假如大家的书桌上放着手机、信件、水、杯子、吃剩的零食、过期的报纸杂志、用过的卫生纸等，课本和笔记本却被埋没在这堆杂物中，你一坐下来，看到这些东西会有什么样的想法和举动呢？

许多人之所以要到图书馆或自习教室读书才会有效率，是因为那里周遭都有隔板挡着，可以防止分心。要是看过赛马的人就会知道，参与比赛的马都会被戴上眼罩，主要就是想让它们上场时集中精神，发挥最大实力，把原本350度的视野缩小到100度的范围，这样它们就可以一心一意往前冲。

读书也是，要是很容易分心，不妨竖起纸张或文件，做成像图书馆一样的隔板，把自己当成上场比赛的马，头戴耳机但不要播放音乐，这样防止自己分散注意力。

当书桌上摆着与读书无关的手机或音乐播放器时，脑中就会浮现想要听音乐的想法，而想法会自然触发产生听音乐的行为。除此之外，手机也会让我们不时想要查看简讯或者打开聊天、社交软件。当桌面上出现那些有碍读书的诱惑时，恰好就和巴甫洛夫的铃声一样，而伴随着那些刺激自动反射的动作则如同狗分泌口水般，如果你也会因那些刺激受到干扰，不妨大声告诉自己：“我不是巴甫洛夫的狗！”

只在学习时使用书桌

行为治疗专家治疗失眠问题时，往往会让患者撑到无法抵抗睡意的时候才让他们上床就寝，然后一醒来就让他们下床，这么做的用意何在呢？其实，大部分失眠患者会为了想多睡一会儿而提早上床准备睡觉，但是往往会经历一番痛苦的辗转反侧，或者醒了后还是赖在床上，久而久之，“床”就不再是发出舒适睡眠信号的物品，反而成为联想到痛苦难眠的东西，因此躺在床上就会睡意全消。不过，如果改成只在极度想睡的时候才上床躺着的话，床就会变成良好的诱发睡眠的信号。

书桌上最好只放现在要做的功课、课本、笔记本、文具用品等，其他东西统统收到看不见的地方，而且只在读书时使用书桌，打电话、看杂志或听音乐时最好选择其他地方。坚持一周后，你就会发现，只要一坐在书桌前，就会自动浮现想要认真读书的念头，因为书桌俨然已成为促使你读书的信号。像这样借由控制刺激信号来诱导行为改变的心理治疗法，心理学领域称之为“刺激控制法”（Stimulus Control Techniques）。

我们不妨再以电脑桌面为例，假如你打开电脑准备温习英语课，结果电脑桌面上显示的却是玩游戏、上网、看电影和听音乐的图标，那你的鼠标自然而然就很容易去点这些娱乐项目，而忘了学习英文，为什么呢？除了这些娱乐项目比较显眼外，也因为它们比学习更为有趣。

许多学生会在书桌上摆一台电脑，但如果电脑会妨碍学习，不妨将它移至其他地方，或者清理一下电脑桌面，删掉娱乐类图标，放上与学习相关的程序，网页的首页最好改成有助于学习的画面。

成功者的书桌是什么样子的？

知名组织专家、时间管理顾问斯蒂芬妮·温斯顿观察了那些拼命打拼、功成名就的CEO的一天，结果发现他们都有一个共同点，那就是他们的办公桌桌面整齐利落。举个例子，美国宝可梦公司总裁的办公桌上垫了一块干净透明的玻璃，摆放了电脑、办公用品以及正在开展的项目资料。根据斯蒂芬妮·温斯顿的解释，越是成功的人，他们的书桌越干净，因为他们总是把事情也处理得干净利落。

要是桌上堆满书籍、笔记、杂志等物品，想找需要的东西就会花很多精力和时间，而人类的天性就是不喜欢做这么劳心劳力的事情，所以就算偶尔想努力一下，但看到乱七八糟的桌面也会打消看书的念头。

有句话是这么说的："好的开始就是成功的一半。"其实，比起开始，更重要的是结尾。要观察一个人的人品，看道别时的态度比第一印象更重要，此时更能精准地掌握对方的性情；一个人的工作方式也是如此，从他处理事情收尾时的做法便可判断。

书读完以后，很多人会把书本和使用过的东西留在书桌上，不过，我建议读完书后最好留一段时间把桌面整理干净，若能事先备妥隔天要用的课本、笔记或文具就更好了。

办事能力强的人都擅长整理和整顿。从字面上来看，这两个词语差不多，但其实概念上两者还是有些微差异。整理是把不需要的东西清掉或丢掉，整顿则是把要用的东西排列整齐，以便取用。要想功课进步，就得先把和读书无关的东西整理好，收纳在看不见的地方，只留下和读书有关的课本、笔记本、书写工具，并且摆放整齐。偶尔不妨环顾一下四周，想想哪些物品适合放在哪里，也许它们就能回归到自己最适合的位置。

每天下班之前，我都会先把办公桌整理干净，然后回想一下当天都做了什么事，并确认第二天要做哪些事，最后关上研究室的大门离开。这种收工仪式其实只要5分钟，这么做有两个好处：第一，可以借此了解自己一天做了很多事，带着自豪、满足的心情下班；第二，第二天进办公室上班时能够马上投入工作。有时候，下班后没有好好整理的话，第二天一早到办公室看着乱糟糟的桌面，常常要花上30分钟才能进入工作状态。

大家不妨养成习惯，每天学习完后花5分钟时间整理一下自己的书桌，相信你一定能体验到惊人的变化。

行动清单

1.试着举出三个清理桌面的理由。

2.你的书桌上哪些东西是要丢掉的、哪些是要留下的？

3.你的计算机桌面有哪些快捷图标需要删除？换成哪些图标会比较好呢？

专注力是本能，需善加利用

专心致志做正在做的事情，阳光要聚焦在一个点上，才会冒出火花。

——亚历山大·贝尔[1]

许多学生会边听音乐边读书，因为他们认为这样就可以同时做两件事，然而，根据心理学研究结果显示，这样的想法是错误的。

虽然每个人的情况不尽相同，但是在特定情况下，每个人能达到的专注程度是有限的。

当我们专注于某件事情时，就无法投入同等的专注度在

① 亚历山大·贝尔（1847—1922），苏格兰裔发明家、企业家。——编者注

其他事情上，心理学上称之为“注意力减弱模式”（Attention Attenuation Model），根据这个模式，边听音乐边读书，不仅会使注意力分散到听音乐这件事情上，读书的专注力也会减弱。

假如只做一些机械行为，例如抄写笔记等不需要特别思考的事情，可以边听音乐边做，因为这种事情只需要投入极少的注意力。然而，当我们在解数学题目或者背英文单词时，音乐就会变成一种阻碍，因为做这些事情需要投入更多的专注力。

我们的大脑要是发现极具吸引力的事物，随时可能会转移注意力，无论多么认真苦读，只要边读书边听音乐，一部分注意力便会被音乐转移，当有趣的歌词出现时，注意力会瞬间全部转移至音乐。所以较之于古典音乐，西方流行音乐更容易影响我们读书；比起西方流行音乐，华语流行音乐会更有碍学习（这个前提是英语比中文更不容易听进去）。

读书时不宜听音乐的另一个原因，是因为心理学家邓肯·格登和艾伦·巴德利曾经做过一项实验。他们找来一群潜水员进行记忆测试，一组在6米深的水中背单词，另一组在陆地上背单词。经过一段时间后，他们测验潜水员究竟还记得多少单词。接着，两组人再分别拆成两个小组，让一半的人在水里、一半的人在陆地上接受测验。

结果发现，原先在水里背单词的人，同样待在水里进行记忆测验时能够想起更多单词；原先在陆地上背单词的人，继续在陆地上测验能想起更多单词。而且，在与背单词时相同的环境下接受记忆测验，会比在不同环境测验时多记起50%的单词。

像这样和学习情境一模一样时记忆会更清晰的现象，心理学上称之为“情境关联记忆”（State-Dependent Memory）。换言之，边听音乐边学习会出现两个问题：第一，注意力会被分散；第二，考试时不容易想起答案，为什么呢？因为没有任何一个考场会播放你学习时听的歌曲。

专注是本能，要懂得使用

“我是个缺乏专注力的人。”

“不论多么努力都无法专心。”

不喜欢读书的学生最常抱怨的就是无法专心，这种学生往往以为专注力是某种与生俱来的能力，无论多么努力都难以有很大的提高。

请问大家是否有过因玩游戏忘记了时间，而错过回家或去补习班的时候呢？是否有过看小说或漫画看得忘我，就连爸妈在叫你都没听见，或者因玩手机、上网而忘记了睡觉时间，也有过看着喜欢的电影或电视节目而忘记吃饭，甚至都没感觉到肚子饿呢？

如果你曾有过上述情形，就表示你有能够全神贯注的能力。你会着迷一件事情，以至于别人喊你都听不见或过了多长时间也不晓得，就证明你是有专注能力的。

为什么读书却难以专注呢？我们从上面的例子可以发现，只要你觉得够有趣就会专注投入，但读书是被你认定为不怎么有趣的事情，所以才会难以专注。

说得再精确一点，你并不是缺乏专注力，而是你选择不那么专注。

无法专注？想想放大镜的原理

南宋理学家朱子曾说："阳气发处，金石亦透。精神一到，何事不成！"意思是有阳气的地方，金石可透，只要专注精神，没有什么事情是办不成的。

还记得女儿上小学时，有一天她唉声叹气地向我抱怨，要写的功课明明堆积如山，可内心却很想出去玩，害她像只小老鼠一样不停地在冰箱和厕所附近徘徊，始终无法静下心来读书。

听到她的苦恼，我让她拿过一面放大镜，和她一起走到阳台。当我准备把放大镜放在她手上时，她立刻收起手来表示不愿意：“这样会很烫的！”我问了她原因，她回答：“因为光线会聚焦在同一个点上，当然会烫啊！”

于是我告诉她，专心也是一样的道理，普通的太阳光无法点燃纸张，但放大镜将光线聚焦后，就绝对可以使纸张冒出火苗。做功课也是，我们只要聚精会神地去做，很快就可以完成。

我带着她又做了几个实验，深入地向她说明放大镜与专注力有何共同之处。阳光没有聚焦起来、放大镜的位置不断左右偏移或选用白色而非黑色纸张时，都很难使纸张起火燃烧，这就好比读书时要是没有好奇心、未掌握要点或不能持之以恒，就不会有好成绩是一样的。

想象自己聚焦成“激光”

科幻电影里经常出现激光，它是只会产生一种波长的光，可以用来切割铁板。而所谓激光式思考，其实就是指在有限的时间内，全神贯注在一件事情上，因为任何事情的成就大小，都与专注程度成正比。

激光（laser），其实是英文“Light Amplification by Stimulated Emission of Radiation”的缩写，也就是“辐射放大光线”的意思，简单来说，是刺激物体的原子和分子把大量光聚集在一起，在激光管中把光放大，同时往同一个方向发射的原理。

激光与自然光的特性不同。第一，自然光是由好几种颜色的光混合而成，激光则属于单色光；第二，激光有指向性，手电筒发出的光是愈往前愈发散，激光则会持续聚焦；第三，激光具有均一性，相位均一，只要碰触到障碍物，就会马上产生干涉，可是太阳光或一般光线的波长、相位千变万化，很难产生干涉；第四，激光能源集中且亮度高，用放大镜聚焦太阳光，顶多只能使纸张或木头燃烧，但是激光的能源密度高，就连铁板也能穿透。

如果想用放大镜使纸张燃烧	如果想专心读书
最好使用容易吸收光线的黑色纸张	抱持好奇，赋予意义
要让阳光聚焦在一个点上	掌握要点，全力以赴
要固定住焦点，不能偏移	持之以恒，专注投入

激光可以广泛应用于各个领域，包括激光秀、CD刻录数据或读取数据、切除视网膜上的肿瘤或体内癌症，或者切割很厚的钢板、在坚硬的宝石上凿洞。激光之所以有如此广泛的用途，完全是因为它能聚集能源，也就是有聚焦的功能。我们只要能像激光一样专注，就没有什么事情是办不到的。

你缺少的不是专注力，而是方法

关于如何提升专注力这件事，我有两个建议：第一，不要说自己“缺乏专注力”，要说自己“没有专注在某件事情上”；第二，尽可能找出能使自己最大程度发挥专注力的方法，我们不是专注力不足，而是选择在某事上要不要专注投入罢了。

◆寻找非做不可的理由

脑子里一旦有了“好讨厌”“做这个干吗”的念头，就绝不可能专注。要是你觉得该专心做某件事的话，就得先找出非做不可的理由。千万不要硬着头皮、心不甘情不愿地去做，要是你找不到读书的理由，不如干脆创造一个。那些能够维持高度专注的人，都运用了诱发动机策略，让自己对即将执行的事高度感兴趣和充满好奇心。努力的人再怎么努力，也赢不过享受事情本身的人，而享受的人再怎么努力，也赢不过有迫切需要的人。

◆清除干扰注意力的因素

如果想在固定时间专注学习，就得把容易分散注意力的刺激和诱惑统统清除，比如先挪走书桌上与学习科目无关的物品，关掉手机和音乐，统一收进看不见的抽屉里。要是窗外有迷人的风景会吸引你的目光，那就不妨拉上窗帘，打开台灯。要专心听课，建议可以与老师眼神交流、适时地点头做回应。

◆先从“5分钟”开始

假如你属于非常不容易专注的人，可以先练习“只专注5分钟”，5分钟后稍作休息。其实，若在开始投入某件事情以前就已经难以集中精神，则表示你对全神贯注这件事感到排斥或有压力，与其硬着头皮坐在书桌前1小时，结果什么也读不进去，不如告诉自己专心读5分钟就好。先养成短期专注的习惯，之后再循序渐进延长专注时间就可以了。

◆找出自己比较容易专注的时机

专注的时间长短，会因人和读书内容而异。平常读书时，最好先确认一下自己最长可以专注多长时间，也就是读多久以后会开始分心。当你了解自己最长可以专注多久时，自然而然就会在那段时间保持专注。

◆每1小时休息一次

每个人的专注时间长短不一，但是大部分人平均维持60分钟的专注力之后，就会开始出现注意力分散。因此，大部分学校一节课时长为50~60分钟，一旦过了50分钟，就得暂时离开座位，喝口水、散散步、闭上眼睛放空、听音乐，让自己小憩一下，或者做一些伸展运动，活络一下身体，使自己放松才行。

大家可以试着在墙上画一个小点，然后什么也别想，专心凝视那个小点5分钟，你一定会感受到身体的疲劳得到有效缓解，专注力也会重新提升。学生之间流传着一句玩笑话：“读书不是靠脑袋，而是靠屁股。”但是，屁股坐在椅子上太久，学习效率也会下降。

◆一旦发现自己专注力下滑，就改做其他事

要是读书读到注意力减弱，难以再集中精神的话，不妨暂时休息一下，也可以换个科目或改做其他事情。到现在我的习惯还是一旦发现自己读书读累了，就马上起身离开座位，我通常会跑去整理书柜或回复电子邮件，不然就打扫房间做点其他事情，然后再回来读书，这样又可以重新全神贯注。

行动清单

1. 你属于专注力好还是专注力差的人呢？

2. 为什么你属于专注力好的人？或为什么你属于专注力差的人？请列出三个理由。

3. 你现在可以怎样提升自己的专注力？

上课前要“？”“！”

爱提问题的人免不了也要给问题答案。

——喀麦隆谚语

有许多学生自认勤奋读书、认真补习，但成绩仍不见起色，而不免抱怨，他们大多忽略了学校课程的重要性，或者不擅利用上课时间。事实上，好多学生上课发消息、传字条、嬉闹、打瞌睡，当然每个人都有各自的理由。

“因为上课实在太无聊。”

“这门课没有其他课重要。”

“自己看书更有效。”

“就算认真听也听不懂。”

“上课讲的内容我已经都会了。”

“不想被同学当成模范生。”

这其实是因为他们不懂学校课程的重要性，不知道如何有效地利用课堂时间。

善于利用上课时间

你可以从许多考试满分的学生口中得知，他们平时在学校都是认真上课的，大家或许会认为，这只是他们嘴上说说而已，但事实上他们确实重视学校课程。你可以环顾一下周遭成绩优异的学生，观察他们上课时的态度，相信不难发现他们的确认真听课了，这件事究竟为何如此重要呢？

第一，一天中在学校上课最久，所以如何运用上课时间是决定学业成绩好坏的关键。课堂上，我们可以学习新知识、整理笔记、背东西、猜考题等学习活动，既然无论如何都必须进教室上课，就该有决心和智慧去把老师所教的知识尽可能转化成自己的。

第二，上课是一天当中占比最多的活动，上课的态度也会带到教室以外，对学习造成超乎想象的影响。如果自己选择走进教室上课，还满腹怨气，课堂上觉得无聊就打瞌睡、嬉闹，那么课堂以外的时间八成也是这样度过的，心理学领域称之为“一致性原则”（Consistency Principle）。

第三，不管老师多么无趣、多不会教学，他都是该科目的专家，也是负责出考题的人，出题者一定会选择课堂上再三强调的重点出题，这是人之常情。而在校成绩也会因每一位老师的评分标准不同而有所差异，你如果想提高自己的成绩，就必须认真上课。

第四，有些学生认为老师教的东西自己都会了，就不需要专心听课。其实，这样的想法并不正确。成绩好的学生会把上课时间拿来确认自己所学、复习并记住所学内容，就算老师讲的是自己已经学会的内容，还是会专心上课。

我知道有些学生会认为上课就是要学习新知识，要是课堂上没讲新知识，就会三心二意，这种学生学习成绩往往很难名列前茅。

失败者抱怨，成功者享受！你怎么对待上课？

面对自己该做的事情，有些人会习惯性地抱怨：

“一定要做这件事吗？”

“反正做了也没用啊！”

“真是够了！”

这些人都是注定会失败的。反之，也有人是这么想的：

“这是我选择的。”

“既然不论如何都要做，那就想办法做得有点效率！”

“既来之，则安之！”

“反正再无聊的事情还是要看你用什么心态去做。”

这些都是成功人士常有的心态，面对学校课程，我们也可以秉持同样的态度，让自己读书读得更有效率。接下来，让我们看看哪些态度会对学习有帮助。

◆上课前要“？”，下课后要“！”

进教室上课前，可以先提出关于学习内容的一些问题，例如：“要学什么？”“哪些内容是重点？”“为什么？”“哪些内容会出考题，会以什么形式呈现？”带着这些疑问走进教室，你自然而然就会专心听课，下课了才会带着“噢！原来如此！”的惊叹走出教室。这么做，上课自然会变得有趣许多，喀麦隆有句谚语说得好：“提问题的人总免不了要给出答案。”

◆上课前要先复习和预习

上课前最好先复习一下上次所学内容，并预习接下来要上的课程，就算只是大略看过也好，只要知道当天要上的内容是什么，就有助于理解老师上课讲授的内容，也可以更专注地聆听比较困难的部分。

大多数课程都有一套完整的逻辑系统，复习和预习可以让我们预先掌握整体内容，帮助我们更容易消化课堂内容，把老师的讲解变成自己掌握的知识。

◆下课后回想一下课堂所学内容

许多学生下课铃一响就立马冲出教室，有些人甚至趁老师刚说一句“最后……”或“今天的课程到此……”，就把课本合上了，随时准备好要夺门而出。我诚心建议大家，就算已经下课，还是尽量多坐会儿，回想一下刚才课堂上都学了哪些内容和重点，重新看一遍上课时所做的笔记，这个动作只要两三分钟，却会替你创造出两三个小时的效果。

切记，20分钟后我们就会忘掉40%刚刚学过的内容。

◆以开放的心态去上课

千万别在还没上课前就预想这堂课一定会很无聊，也别想着老师多么不会教、多么无趣，当老师确实教得无趣时别想太多，就当这是这位老师的教学风格。记住，不要把力气浪费在没有意义的事情上，我们只要把专注力放在自己可以从老师身上学到的东西上即可。

◆专注听课，和老师眼神交流

听课听久了，我们很难始终保持同样的专注力，因为人类可以讲出的和听到的单词数是不一样的。通常，人类1分钟可以说出大约150个单词，但是1分钟能够听600个单词，这就是为什么我们在听别人说话时，会有很多时间可以同时去想其他事情的原因。

为了有效防止注意力分散的情形发生，最好的方法就是和老师有眼神上的接触，并且专心做笔记、记重点。

◆准备问题，和老师积极互动

留下长久记忆的最佳方法就是提问，当自己的问题得到答案后，这就会变成想忘也忘不掉的记忆。

如果遇到难以理解的内容，不妨主动向老师询问。你担心会被老师羞辱吗？觉得自己的问题实在太愚蠢吗？不好意思举手发问吗？放心，大部分老师都喜欢学生问问题，这表示学生对他教的课程感兴趣。要是太害羞不敢在课堂上举手发问，大可以利用下课时间私下找老师，或者发电子邮件问老师。

要提出问题，你就会变得更用功，和老师之间的关系更紧密，自然而然，就会更认真学习该科目，从此形成一种良性循环。

◆注意老师的语气变化或重复强调的内容

人们在讲非常重要的事情时，说话口吻会不由自主地改变，比如突然提高嗓门或者降低分贝，这都是为了吸引听众注意。老师在课堂上同样也会反复强调，画线标示或者圈出那些一定要熟记的内容、必须记住的重点、考试容易出题的部分。事先了解清楚各科老师都习惯用什么方式暗示学生，也不失为一个聪明的好方法。

行动清单

1.平时上哪些课态度好？

2.平时上哪些课态度不好？

3.选择一个科目，准备课堂上要提的问题。

Chapter 4

如何让读书变得有趣？跟我一起找到你的“学习杠杆”

学习如同旅行，需预先安排目的地，

还没规划好路线就一头扎进去，

这就和说走就走的旅行一样，

结果如何，不得而知……

政宇啊，

读书很辛苦吧？

世上有许多难题，

有些人能轻而易举地解决，

仔细观察这些人你就会发现，

他们都有一个共同点，

就是他们都有一个“杠杆”，

懂得如何花最少的力气创造最大的效益。

只要找对方法，

读书也会变得有趣，对吧？

利用心理学找到高效的读书方法

所谓发现，就是看见每个人都看见的东西，却能产生别人想不到的想法。

——圣捷尔吉·阿尔伯特[①]

“不管怎么努力，成绩都无法提高。”

“读了很多遍，可还是记不起来。”

“不管怎么准备，一到考试时，大脑就是一片空白。”

许多学生常常会抱怨自己头脑不够聪明，也就是智商有问

① 圣捷尔吉·阿尔伯特（1893—1986），匈牙利生理学家，诺贝尔奖获得者。——编者注

题，但真是如此吗？

有些人偏偏就能轻轻松松解决困难的问题，包括恋爱、事业和读书，因为他们都有自己的“杠杆”。什么是杠杆？就是花最少力气做出最大成效的方法。

所有学习都是从读书开始，要学会读书，你得先了解有效的阅读方法。

心理学教授罗宾逊提出的PQ3R法，亦称SQ3R法，即预览（Preview）或浏览（Survey）、提问（Question）、阅读（Read）、背诵（Recite）、复习（Review），是最有效的读书方法。下面介绍这套方法，请先把接下来的标题都读一遍，猜猜对应的具体内容是什么、有什么意义、为什么重要，自己先在心中提几个问题再开始阅读。

Preview：大致浏览，掌握框架脉络

要去陌生的地方或者去爬山，我们一定会先看地图，确认路线。好多会认路的司机都会在发动引擎前先确认好怎么走，这样才能节省时间、减少迷路的概率，之后也不会忘记沿途走过的路径。

读书也是一样的道理，很多人一拿起书就会从第一页第一行开始读起，这就跟要去个陌生的地方，不做任何准备就出发是一

样的。读书前我们要先做点功课，浏览一遍大纲和目录，掌握整本书的框架脉络，再来仔细阅读中间的内容。

如果书中有摘要，可以先看看这些重点，从目录推测大小标题之间有何关联，会介绍什么内容等，让自己心里有个底，大致知道今天要读哪些内容。记得不要给自己太大压力。

Question：抛出疑问，列出问题

仔细阅读书中内容之前，要先列出问题，以便掌握全书整体内容。我们可以浏览大标题、小标题或大纲摘要，事先拟好问题，猜猜书中对应章节讲的是什么。“这是什么意思？”“为什么那是重点？”“前后文会如何串联？”“实际生活中如何套用？”等，像这样带着问题去阅读的人能记住更多内容，读完之后印象也会更为深刻。

学习也好，日常生活也罢，有印象就表示已经做好准备，随时可以回答问题。带着问题去学习，不仅可以激发我们的好奇心，还能加深对我们内容的理解，也更容易留下比较深刻的印象。

初次见面时，人们往往会先做个简单的自我介绍，握手寒暄一番，但十个人中有九个会在握完手之后，把对方的名字忘得一干二净。不过，擅于记住别人名字的人则不同。他们会想办法让

自己记住，比如会继续追问对方：“那请教一下您的名字怎么写？”这么做不仅更容易记住对方的名字，还可以拉近彼此的距离。自行列出问题并寻找答案，会比机械式的阅读、默背来得更有效，更容易记住所学内容。

我们提出疑问后，学习内容就会变得更有意义，也更系统。这种细化过程促进记忆的方法在心理学上称为“细化策略”（Elaboration Strategy）。①

知名心理学家约翰·布兰斯福特曾在小学生中进行过一场实验，实验结果证明先列好问题确实会影响人类的记忆。实验开始时，他先播放了一段文章，测试学生们能记住多少内容；然后，他加上了“和蔼可亲的人买了牛奶”这样的标题，并提出问题：“和蔼可亲与买牛奶究竟有何关联？”再让学生们默背文章；最后他发现相较于前一次机械地背诵文章，先提出问题再去记内容的方式明显好得多。

Read：仔细阅读，寻找问题的答案

阅读的第三阶段是精读。很多学生以为，学习的第一个步骤

① 赋予要记忆的东西一定的意义，将其想象成一幅画，或是加上线索，制造链接，帮助记忆。——编者注

便是精读，这样的想法是错误的，精读不是学习的第一步，也不是最后一步，更不能把它当成最重要的步骤。

学习类读书和阅读武侠小说是截然不同的两件事情。想要读好书，就得抱着“寻找答案”的心态来阅读，即边看边找出自己想问老师、作者或自己的那些问题的答案，实现主动阅读。

精读阶段要做的事情是，寻找头脑中存储的知识和当下阅读的内容之间有何关联，分辨出哪些是重点、哪些不是重点，把重要的部分用荧光笔画线或用符号标出来，阅读时主动观察前后文脉络，并和其他内容进行比对和批判性思考，这么做才会记忆长存。

Recite：回想内容，反复背诵

要让自己真正理解并记住所学内容，读书时必须适当默背一下。默背的前提是预习时掌握了整体框架，有条不紊地整理各个篇章所涉及的问题答案，从而牢牢记住所学内容。阅读过程中，大家不妨偶尔停下脚步，闭上眼睛或合上书本，回想一下自己读过的内容，反复背诵，借此确认自己是否还能想起学习内容，千万别想一口气把整本书读完。

要是等整本书都读完再来默背就太迟了，因为我们的短期记忆容量非常有限，阅读过程中会有很多地方被我们遗忘，但也切记不要每读完一段就进行默背，因为过于频繁的背诵反而有碍掌握整体内容。

Review：复习内容，加深记忆

复习就表示读书到了最后一个阶段，要进行“回味”，跟大家在考试前夕复习重点是一回事。

复习就是系统地温习巩固所学内容，属于事后总结，而预习则是读书前系统地了解全书内容，属于事前概览。

复习时可以快速浏览前面读过的章节或小标题，回想其中的具体内容，小标题之间有何关联，用自问自答的方式进行回想会更有效。最重要的是找出自己不知道、忘记的部分，然后针对这些想不起来的内容进行默背。复习时想不起来的内容，很可能是考试时会出的考题或以后用得上的重点知识。

行 动 清 单

1.你平时用什么方式阅读，有无任何问题？

2.PQ3R法所代表的英文单词是什么？

P：

Q：

R：

R：

R：

3.根据PQ3R法，写出对自己最重要的三个步骤。

学习也需要地图，带着好奇心去预习吧

看见（see）事物很容易，但要能预知（foresee）事情就不容易了。

——本杰明·富兰克林①

在进入正题之前，我们不妨先来做一项实验，请大家先读一读下面这段话：

步骤其实很简单，首先分好类，当然，具体用量多少要看处理量大小，但一勺足够了。要是没有相应的设备，你可能就得选

① 本杰明·富兰克林（1706—1790），美国科学家、哲学家、发明家、政治家。——编者注

其他地方了，不需要的话就表示已经准备得差不多了，最好别太勉强，一次处理一大堆，不如少量分批进行。这件事情短期做还不觉得有什么困难，但要是长期做就会有些厌烦，而且要是一个不小心，很可能会损失惨重。

刚开始，你可能觉得整个过程烦琐复杂，不过，很快就会变成你日常生活当中的一部分。或许，你可能暂时不需要做这件事，但也未必。完成这些步骤后，重新整理物品并将之归位，然后存放到合适的地方。这些东西一定会被你再度拿出来使用，而这一连串过程也会日复一日地上演。没办法，这就是我们生活中的一部分。

接下来，请把书本合上，拿出一张白纸，把刚刚读过的内容尽可能记下来。

都写好了吗？

我相信你刚才一定读得一头雾水，不晓得自己看了什么内容，更别说要留下记忆了。

现在，请重新翻开这本书，再把上面那段内容重新读一遍，这次边读边猜究竟写的什么主题，并把答案填写在下方空白处。

上面那段文字在说明什么？用一个词语概括一下文字的主题。

→

希望你可以试着猜猜看，不要用一句“不知道”就轻言放弃。上页那段文章究竟在说明什么？试着用一个词语来概括这段话的主题。

训练自己阅读完一篇文章以后，试着去猜测背后带有什么样的含义。

其实那段文字是在说明洗衣服的过程，你猜对了吗？

现在，请重新读一遍那段内容，然后再把书合上，把你记得的内容写在另一张白纸上，并与上次你写的内容进行对比。结果如何？哪一次记的内容更多呢？

不用说也知道，一定是后面这次记得更多。记忆心理学家约翰·布兰斯福特就曾拿前面这段文字做过实验，他把受试者们得到“洗衣服”的提示后的记忆量与没有任何暗示时做了一番比较，最后发现“提示”能帮助人们理解内容，而且能记住两倍以上的内容。

这究竟是什么原因呢？

有些文字晦涩难懂，容易让人读得云里雾里，因此也很难记住内容，这也是我为什么要强调预习的必要性。

如果你还是不完全信，我们不妨再来做个简单的小实验。请将下面的英文字母重新排列，组合成正确的英文单词。

1.lapep

2.gaoren

3.uncotco

你猜到答案了吗？有点难度吧？

我给你一个提示，它们都属于水果。怎么样，是不是很容易猜到答案了呢？

正确的英文单词是：

1.apple

2.orange

3.coconut

读书如旅行，地图很必要

同样是行驶在一条陌生的道路上，有些驾驶员就可以悠闲自在地找到对的路，有些驾驶员则像个无头苍蝇似的焦急徘徊。他们俩之间只有一个区别，那就是前者一定在出发前看过地图，后者则属于先把车子开上路再说的类型。

读书其实也是了解陌生事物的过程，同样有目的地——读书目标，因此我们可以把学习看成开车，不预习就走进教室、不了解整体框架就投入学习，这就和毫无准备便踏上旅程是一样的。

大家都拼过拼图吧？当我们毫无头绪、无从下手时，心里往往会浮现这样的念头："要是能看一眼成品图就好了……""要是谁能给个提示就简单多了……"此时此刻，你便能切身感受到事前在脑海中勾勒出完整图样是件多么重要的事。拼图恰巧具有这样的特性：要是胡乱瞎拼，你可能会花上好几个小时才能拼完，但手上若有提示，可以通过拼图块猜到完成后的样貌，那拼起来就会更迅速、更高效。

读书学习就和玩拼图一样，每年一到高考，媒体会大肆报道高考状元，这些学霸们接受采访时都会异口同声地强调预习的重要性，这绝对不是嘴上说说而已，而是他们亲身体验过预习是件多么重要的事。

想提高90%的理解力？去预习吧！

"我再怎么坚持学习，也无法提高自己的成绩。"

"我的同学好像都没我这么认真，但他的成绩却比我好。"

一般来说，学习投入与考试成绩成正比是常识，但是光靠努力就想得到耀眼的成绩是不大可能的事。

据我观察，那些认真读书，成绩却没有多大进步的学生往往没有预习的习惯，不然就是不懂得如何有效地预习。

许多人之所以会轻视预习，理由如下：

第一，不知道预习的必要性。最令我感到惊讶的是，至今仍有许多学生会以为读书是靠努力，只要够努力，一定能拿到好的成绩。可是，想要好成绩就和想成为有钱人一样，努力固然是不可或缺的因素之一，但是“技巧要领”才是真正左右一个人财富和成绩的关键因素，因为光靠认真努力，未必一定能成为富豪；要把书读好，首先要知道为什么我们要先预习。

第二，你可能已经知道预习的必要性，却因为把预习这件事情想得太复杂而给自己太多压力。很多学生明知道预习的重要性，却难以付诸实践，这是因为他们误解了预习的概念，比方说，误以为要在正式学习前把所有内容统统理解清楚，或者把不会的英文单词统统先查好……正因如此才会倍感压力，但其实根本不必给自己这么大的压力。

第三，对预习持消极态度。许多学生预习前会抱怨：“真的有必要吗？”“应该没用……”自然而然就不想做这件事。要让预习有成效，我们首先要改变自己对预习的看法，一改消极悲观的态度，转而保持积极乐观，告诉自己“看不懂也无所谓，只是大概看看而已”，或者“发现有不懂的地方也是一种收获”。

其实，不光学生认为复习是学习过程中最重要的环节，许多家长也会对儿女强调复习的重要性，但是比起复习，预习才是真正能提高成绩的关键因素。

有份杂志发布了一项调查结果：预习能比复习提高3~7倍成绩。有事先预习，你的学习理解力是90%；没有事先预习，你的学习理解力则不到50%。班上成绩优秀的学生和成绩差的学生的区别在于能记住多少课堂内容，而这份记忆力是由上课时的理解力决定的。预习不仅可以增进我们的理解能力，也可以促使我们积极举手回答老师提出的问题，进而更专心地听课，增强自信以及与老师维持良好的关系，这简直是一举多得。

高效预习的四大方法

成功的老板开创新事业时，一定会预先想好结果并做好记录，事后再和实际结果进行比对，查看成果和自己当初预想有多大落差，这样才能知道发展过程中哪些决策是对的，哪些决策是错的，哪些地方需要改进或加强。

读书也是如此，预习可以帮忙辨别出自己已知和未知的内容，自己擅长和不擅长的地方，这就是决定读书成败的关键。

预习的另一个好处是可以节省时间。课前预习，可以大幅提高理解力和记忆力，节约理解和记忆的时间。预习能提高学习成绩，自然玩耍的时间也就变多了。

我们清楚自己会哪些内容，不会哪些内容后，上课就会更加认真倾听，好奇心会更盛。不仅如此，诚如前文所举的“洗衣服”的例子，提高记忆力也是预习带来的一大好处。

我们该如何养成预习的习惯呢？这就和初学骑自行车一样，要先试试再说。培养一个新习惯，需要经历下面四个阶段。

◆第一个阶段：没有意识/没有执行

不打算学骑自行车，觉得自己根本不可能学会骑车，就等同于不知道预习的重要性，以及从来不预习的阶段。

◆第二个阶段：有意识/没有执行

想学骑车但还没有尝试，也就是知道预习的重要性，却还未达到身体力行的阶段。

◆第三个阶段：有意识/有执行

知道要认真学才不会从自行车上摔下来，属于不断尝试预习功课，却还是觉得预习很难坚持的阶段。

◆第四个阶段：没有意识/有执行

不用再刻意努力，就能驾轻就熟地骑车，属于不用再靠意识上的自我督促，也能习惯性地预习功课的阶段。

预习，其实只要试过就会愈来愈熟悉。如果现在的你还不到那样的阶段，不妨采用以下几种技巧加以练习。

◆为尝试赋予意义

一开始最好不要操之过急，过度执着于预习成果。上课前，只要大概浏览一下课本里的大标题、小标题、图片和图表，以及突出标记的主要概念，就等于完成预习了。

要让自己越来越习惯预习，一开始不能用力过猛，因为一旦对预习留下痛苦的印象，自然而然就不想再坚持下去。你可以大概看看有哪些内容就好，这样就足以改变上课和学习的态度。

◆把已经会的和不会的内容区分出来

在你大致看一下有哪些内容的过程中，区分出自己有哪些是已经会的，哪些是从未学过的。预习数学时，不妨注意自己通常都在哪个步骤卡壳；预习英语时，同样要注意自己哪些句子看得懂，哪些句子看不懂。当你发现自己全都不懂的时候，那也无所谓，因为光是知道自己都不懂，便足以提升上课时的专注力。

◆写下要问老师的问题或要补充的内容

把课本上难以理解或有疑问的地方、解题时遇到的问题等，单独标示出来或写在笔记本上。接着，每次准备两个以上的问题，到课堂上举手发问，或者自行找参考书进行补充。有预习会比什么都不做强，能大幅提高学习成绩。

◆利用已经知道的内容，推测不知道的内容

大略检视完自己学过的内容后，不妨预测一下接下来要学什么。

以英文为例，预习时不用把所有不会的单词都先查好，利用自己看得懂的单词来猜测全文内容就好，即使最后发现自己猜错了也无所谓，这个过程会让学习变得更有趣，会想在课堂上确认自己的猜测是否准确，哪些地方猜对了，哪些地方猜错了，理解力与记忆力自然也就跟着提高了。

行动清单

1.预习有哪些好处？请试着举出三个。

2.当预习时间不够时，该如何进行预习？

3.运用前面介绍过的预习方法，思考接下来该如何预习，并写下具体的执行方法。

好记性不如烂笔头，掌握熟记内容的诀窍

我无法创造出来的东西，我也没办法彻底了解。

——理查德·费曼①

读书学习就像在一片原始森林里开疆拓土，就算是没有人走过的路，只要不断踩踏，也可以开辟出一条小径。反之，不管多么精心开辟的道路，只要无人问津，总有一天会消失无踪。

接下来让我们做一个简单的实验，请大声念出以下13个没有实际意义的单词，念到可以全部记住为止。

YEQ MYV XYF QEJ NIJ WUQ

① 理查德·费曼（1918—1988），美籍犹太裔物理学家、诺贝尔奖得主。——编者注

NYV PYB GEX ZOF DUJ BIW RUV

如何？都记住了吗？

接下来请合上书本，拿出一张白纸，把还有印象的单词统统记下。写完以后，请不要马上打开书本，把纸翻面盖上，看一下时间，然后起身去做别的事情，20分钟后重新拿一张纸，写下自己还记得的单词。

最后，请大家确认一下写对了几个单词。

我们的遗忘速度为几何？

人类的大脑一次可以处理的信息量大约只有七位数，接收新信息和从既有记忆中提取信息的能力也很有限。

德国心理学家赫尔曼·艾宾浩斯画了一幅遗忘曲线图，直观地展示了人类学到新知识后，遗忘的频率与时间推移的关系。他按照辅音—元音—辅音字母的方式（如前文出现的英语单词）组合出数千个没有意义的单词，然后从中选出13个单词，让人有节奏地朗读到完全记住为止，然后按20分钟、1小时、9小时、24小时、2天、6天、31天的间隔时间，分别记录所记的单词的个数。

1885年，艾宾浩斯根据实验结果画成并发表了“遗忘曲线”（Forgetting Curve，见下图）。后来，很多心理学家也进行过相同的研究，结果都与艾宾浩斯的遗忘曲线一致，于是艾宾浩斯成为记忆研究领域的先驱。

艾宾浩斯的研究结果显示，明明只是13个无意义的单词，就算再怎么想方设法让自己记住它们，20分钟之后人能记住的单词量只有58%，1小时以后就只记得44%的单词了。

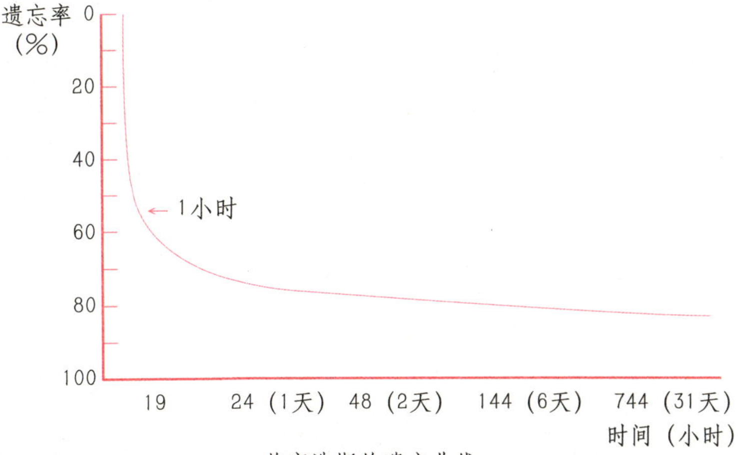

艾宾浩斯的遗忘曲线

1959年，美国印第安纳大学教授彼得森发布了惊人的遗忘过程研究结果。他选择了3个辅音字母组成的英语单词，请受试者牢牢记住后进行测验，结果发现大部分人3秒之后就只记得80%的单词，6秒后只记得50%，18秒后则只记得10%以下的单词，只记住3个英语单词的记忆比率都非常低。这是不是很惊人呢？

其实只要再深入了解一下这项实验，就会发现这样的结果并不意外。因为实验中受试者看完3个英语单词后，要求其用百位数（例如485）减去3并心算出结果。现在大家是否理解了为何艾宾浩斯与彼得森教授的研究结果会有如此大的落差呢？

我们学完某项知识后，如果不反复背诵，学习内容就不会储存到我们的大脑里。平日学习的新知识之所以会被遗忘，也是因为我们学完后马上去做其他事情了，这就和彼得森教授在实验中让受试者读完单词后不断去做数学运算，妨碍背诵英文单词是一样的道理。

长期记忆与短期记忆的分别

大家是否有过这样的经验，花了很长时间码字打出来的文档却突然消失不见了？我相信只要是用过电脑的人，多少都经历过这样的悲剧。电脑有两种存储方式，一种是存储在暂存区里，另一种则是永远保存在计算机硬盘或 USB存储装置里，暂存的资料会因电脑断电或死机而全部丢失，因此，文档一定要保存在硬盘或USB等存储装置里才行。

人类的大脑记忆同样分为短期记忆和长期记忆两种。短期记忆就像存储在电脑暂存区的内容，长期记忆则好比存储在电脑硬盘里的数据。短期记忆会随着时间流逝而消失，举个例子，给你一个陌生的电话号码，拨完后请你回想这个电话号码，大部分人都想不起来，因为那是暂时储存在短期记忆里的信息；但是，自己或好朋友的电话号码不用打开通讯录翻找，就立马能背出来，因为它是存储在长期记忆里的数据。

我们学习也是同样的道理，要反复背诵、经常复习学习过的内容，才能深深将其刻在我们的长期记忆里。

高效复习的五大方法

“我的同学好像也没认真读书，但成绩却很好。”

有些学生勤学苦读却得不到好成绩，有些学生看似一直在玩，成绩却可以名列前茅，后者都有一个共同点，那就是“高效复习”。

◆养成读完书以后立马复习的习惯

前文曾提到，我们会在学习完20分钟后忘掉将近一半的内容。因此，读完书以后一定要立马复习。你可能会说没有复习时间，恐怕这是因为你把复习想得太复杂了，以为要进行非常完整的复习。其实，只要大略看一下自己整理的重点或笔记，就足以在我们大脑中留下印象。最晚也要在一天结束之前，大概看一遍所学内容，养成这个习惯能很好地提升学习回报率。

◆一有空就回想自己学过的内容

为了唱会自己喜欢的歌曲，我们只要有空就会想想歌词和旋律，随时哼唱。要把书读好，其实可以套用相同的模式，我们可以多抽空回想自己学过的内容，不论是在上下学路上还是吃饭的时候，这样做可以提高读书效率，缩短自己埋头苦读的时间，并能取得好成绩。与其专门安排时间复习功课，不如充分利用日常生活中的零碎时间。

◆想方设法，加深印象

认真回想所学内容，确认有无漏掉或答错的地方，并做相应的改正或改进。用彩笔或荧光笔做标记，加深对相关内容的印象。单独准备一个复习笔记本，也是让自己牢记内容的好方法。

◆批判式分析，用自己的语言重新汇总

不要机械地听课或死记硬背，要把所学内容转换成问题，批判性地思考该内容有无任何问题，将其转换成自己容易理解的语言并重新汇总。这样做可以加深记忆，也有利于解答相关题目。

当我们带着问题去看或批判性地思考所学内容时，大脑的神经回路就会迅速传递和接收各种信息，人的创造力也会得到提高。记住，要根据不同科目或出题类型，运用不同的复习方法。

◆正向思考，积极复习

“好烦啊！”“到底为什么一定要读书？”抱着这样的心态复习，你绝对不可能记住那些知识。回想一下，我们认识一群新朋友时，有些人的名字就特别容易记住，什么样的名字更容易被记住呢？答案很简单，不是名字别具特色就是自己感兴趣的对象。同样的道理，如果你想让读过的内容在大脑里留下深刻印象，首先就必须喜欢学习，因为我们更容易记住自己喜欢的事物，讨厌的事物则不容易留下印象，这是人脑与电脑的最大区别。

给学习找点“高大上”的理由吧，你会喜欢上这件事，然后过目不忘的。

行动清单

1.你属于擅长复习的人吗？不是的话，原因是什么？是的话，你都是用什么方法复习的呢？

2.找出三种利用零碎时间有效复习的方法。

3.从现在起，做哪些事有助于有效复习？请列举三件事。

笔记勤整理，记忆库大三倍

我把听到的故事统统记录下来，然后获得了诺贝尔文学奖。

——亚历山大·索尔仁尼琴①

有些学生会想方设法找理由不记笔记，有些学生则是明知做笔记的重要性，却迟迟不肯行动。心理学家佩珀和梅尔选了两组学生进行实验，他给学生们看了一段课程视频，一组学生要边看边做笔记，另外一组则只需看就好了。

视频播放结束后，他们测试了学生们的记忆情况，结果显示，没有做笔记的学生更多地记得视频中介绍的实际案例，但想

① 亚历山大·索尔仁尼琴（1918—2008），俄罗斯作家、诺贝尔奖获得者。——编者注

不起其核心概念；而做了笔记的学生则可以回想起更多核心概念，甚至会想到视频中没有介绍的相关概念。

究竟为什么会有这样的差异呢？

那是因为我们做笔记时会主动将内容系统化，并且会与过去学过的知识相结合。

如果不做笔记，单纯听老师讲课，你很难记住课堂上的关键内容，更多地会记得老师开过的玩笑或一些无关紧要的事情。

心理学家大卫·豪曾观察和比较过两类学生：一类是边听课边记重点，一类是直接照抄老师所说的内容，结果发现前者记得的内容远比后者多。因为自行摘出重点并整理成笔记时，可以重新组织得更有意义。

发挥专注与理解力，成功转换成自己的语言

然而事实恰好相反，如果不做笔记，只是听课，一开始可能会觉得老师说的话很容易听进耳朵里，但是只要不是自己真正有兴趣的科目，久而久之，就会在不知不觉间分心、注意力分散。

要是上课时有整理笔记的习惯，就会告诉自己要仔细听课才能精准掌握重点，变得更用心聆听老师讲述的内容。因此，做笔

记不仅不会妨碍听课，还会使我们集中注意力。

另一个要做笔记的理由是让学习的内容变得更为明确。所谓做笔记，并不是把学习内容照抄一遍，而是转换成自己容易理解的语言。为了能够转换成自己的语言，首先要理解自己学到的知识，并从过程中发觉自己知道和不知道的内容有哪些。

不要相信大脑，化成文字印象更深刻

贝多芬生前留下了堆积如山的作曲手稿，但是根据本人所述，他在实际创作乐曲时是从不看手稿的。有人听闻这个消息后，曾经问过贝多芬：“那么您为何要使用稿纸呢？”

贝多芬回答：“要是不把乐曲的构想记录下来，就会马上忘记，但记录在稿纸上后就绝对不会遗忘，事后自然不必再去翻阅手稿。”我们平时上课做笔记也是，光是做笔记这个举动本身，就会使我们对那些重点和知识留下更深的印象。

美国芝加哥大学心理系教授苏珊·戈尔丁-梅多以儿童为对象进行了一项实验。其中一组儿童在进行考试时可以自由运用手势，另一组则不能，结果前者的答对率比后者高出五倍。除此之外，这项研究也发现，解题时转动眼球同样会提高正确率。

由此可见，人类的智慧并非仅限于大脑内部，而是与身体整体动作息息相关。我们称这样的理论为“体现认知”①（Embodied Cognition）。

因此，读书靠眼睛阅读、耳朵聆听、嘴巴述说、手记笔记，学习效果会更好。

举个例子，我在写书期间如果想到不错的点子，不论是在开车还是已经上床就寝，都会马上把灵感写在纸上。有时会觉得自己应该不会忘记，就直接记在脑子里了，但事后回想就会发现，我记录下来的点子根本不用再去翻阅就可以想起大部分内容，但是被我记在脑海里的创意却总想不起来，遗憾又无奈。

究竟为什么会这样呢？那是因为借由写字的过程，脑海中会留下更鲜明的印象，就如同演讲前事先把讲稿写成小抄，但真正上台演讲时却基本不用看。其实，把内容写成文字并非为了拿来观看，而是为了让自己印象更深刻。

提升三倍信息存储量的方法

上课时不做笔记、只单纯听课，那么老师讲的内容就会只储存在我们大脑里的听觉皮质，但如果边听课边做笔记，我们的大

① 指生理体验与心理状态之间有着强烈的联系。——编者注

脑不仅会接收到听觉信息，自己所写的文字、句子，也就是视觉信息也会被储存至视觉皮质里。除此之外，当我们写字时会伴随手部肌肉运动，与此相关的信息就会被储存在运动皮质。

正因为做笔记可以让学习到的内容同时储存在听觉皮质、视觉皮质、运动皮质，所以比起单纯听课，手写笔记可让储存到大脑里的信息量多达三倍，自然更容易想起内容。这就好比把笔放在书桌、接待室桌面、餐桌等各个地方，需要时很容易随手取用是一样的意思。

人类的记忆力是有限的，根据心理学研究结果显示，人类在学习过后20分钟就会遗忘近一半的内容，两天后大约会忘掉70%的内容。因此，要是不把课堂上听到的信息精准地记录下来，再聪明的头脑也难以将那些内容统统记住。

我们复习功课或准备考试时，如果没有笔记只看课本，就宛如大海捞针，根本无从看起，这也是为什么不认真整理笔记的学生往往会直接放弃备考的原因。如果你有一本简明扼要的重点笔记，复习功课时就会相对轻松，理解起来更为容易，因此也会复习得比较认真。此外，人的本性本来就对自己花心思去做的事情更加爱惜，所以妥善整理笔记自然会使我们勤奋好学。

整理笔记的五大技巧

相信各位已经知道整理笔记的重要性了，接下来，我们要思考究竟该如何整理笔记，这件事情同样也有最有效的方法。

◆用活页笔记本或按科目分类整理

笔记若能按科目分门别类整理是最好的，如果想把所有科目整理在同一个笔记本上，选用可以自由组合内页的活页笔记本较为方便，因为这样上课或去图书馆时只要带着一个笔记本记笔记，之后再按照科目自行归页即可。

为了系统化整理读书内容，我会建议将笔记重点编号，例如：大标题以罗马数字Ⅰ、Ⅱ、Ⅲ表示，小标题用阿拉伯数字1、2、3，子项可用一、二、三，解说则用（1）（2）（3），这么做能够让自己在日后掌握整体重点架构时更为便捷。

◆用各种符号或荧光笔将内容区分出来

整理笔记时，哪些是重点，哪些是课堂中学到的新知识，哪些是自己要补强的地方，都要另外做记号才行。例如，需要翻找参考书的部分用黄色荧光笔，老师强调过的部分则用蓝色荧光笔标注，之后才能一目了然。

尽量用不一样的符号记笔记，比如重点处可以画线表示，一定要牢牢记住的部分就打上星号，不甚理解或需要补习的内容则以问号做标记。复习时，额外新增的内容则建议改用和上课做笔记时不同颜色的笔，举例来说，增添内容时改用蓝色或绿色笔会更醒目，这样一来，复习功课或做考前准备的时候，读起来会较有趣味。

当然，这些事情不可能在课堂上执行，所以课后记得抽空检查自己做的笔记，并在那时候做标注即可。不过，有一点需要注意的是，千万不要使用过多的颜色或符号，也不要在几乎所有的文字下方画上底线，这样会使笔记显得杂乱无章。

◆预留充分的空白处

有些学生或许是为了节省用纸，总是把笔记本写得密密麻麻，但是这样做会遇到三个问题：第一，会使阅读者感到疲乏；第二，要是发现其他漏掉的重点，就没有空白处可以补充填写；第三，以后拿出来温习时，难以分辨内容，产生混淆，也不容易记住。

当下课铃声响起时，就是准备将笔记本翻页的时候，按照不同主题，最好间隔一两行再继续抄写。虽然看似浪费纸张，但这样做不仅可以节省日后翻找重点的时间，还可以随时补充遗漏的内容，十分方便。而且适度地留白可以让我们一眼看出从哪里开始转换主题，更有系统地掌握全貌。

此外，留白可以使阅读者的心里多一份空间，增加页数带来的充实感，就算和其他同学温习同样的内容，也会为自己的小成就深感骄傲。笔记里的留白会创造出精神上的富足，请各位铭记在心。

◆写下能使自己重拾记忆的线索

如果有多个笔记本，再加上里面只写着生硬的上课内容，我相信一定很难想起里面记录过的重点。举个例子，想要有效记住小学同学的名字，方法之一就是看合影或想象当年的教室情景。因为看着照片或回想教室里的情景，都会被用作找寻记忆的线索。

我们在整理笔记时也是如此，安排好找回记忆的线索，之后就很容易重新想起。像是记下当天的日期和天气，或是当天发生的大事件、课堂上老师抛出的玩笑话、老师的特殊举动、同学的提问等，把这些事情写在另一处，日后重新翻阅时，就会像解开绳结一样接二连三地想起当时读过的内容。

◆像装修房子一样设置自己的笔记

边读书边创作的第一件作品就是整理好自己的笔记。但就算是自己亲手整理的笔记，内容也要有趣才会令人想重复翻阅；要是整理得乱七八糟、枯燥乏味，就不会想再拿出来看。不论当初多么认真整理的笔记，只要我们不想重新翻开复习，就是失败的作品。

漫画书之所以比纯文本图书容易阅读，电视机比收音机更引人入胜，是因为有图像或影像且充满趣味性的缘故。上课做笔记时，不妨适度地在笔记本上留白，复习功课的时候在留白处画上有趣的插画，把重点内容浓缩成简单、趣味性十足的图像，或者将教科书或参考书里的照片、图表影印出来，干净整齐地剪贴在笔记本上，就会提高笔记的精致度。

不时在笔记里穿插自己喜欢的至理名言或引经据典，同样会使人想要重复翻阅。当然，每个人的喜好不尽相同，要是认为简单明了的笔记对学习最有效，也可以选择走简约风，整理得整齐即可。

最有效率的康奈尔笔记法

很早以前，心理学家就开始研究如何高效地整理笔记，其中最有效的一种整理笔记方法就是美国康奈尔大学开发的康奈尔笔记法（Cornell Notes System）。随着这套方法的问世，很多生产笔记本的公司也相继推出类似格式的笔记本。

康奈尔笔记法非常简单，只要在纸张的左侧预留关键词字段，底部留出总结字段即可（参见下图）。

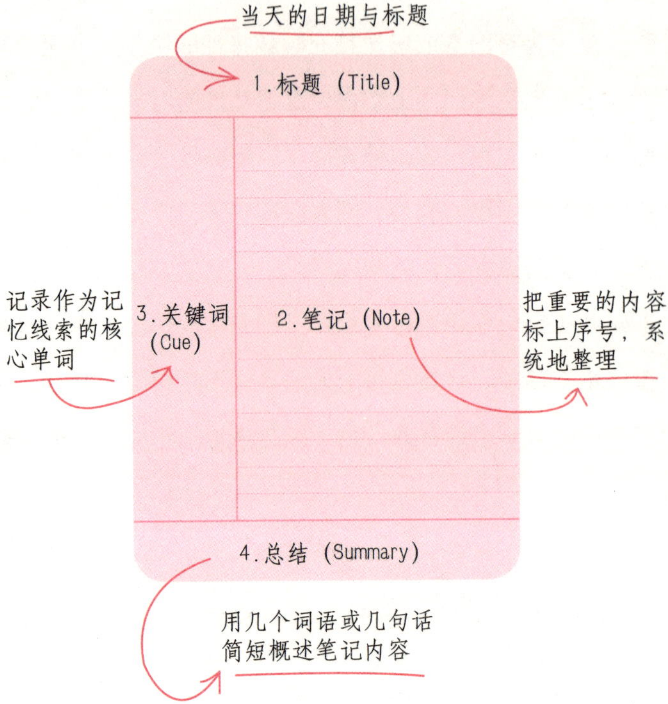

检视完自己整理的课堂笔记以后，把核心词语、问题或需要补充的地方以及与笔记内容有关的参考事项等，填入左侧“关键词”位置。这些关键词就是线索，有助于将来复习功课时不用看完整本笔记，就能快速掌握整体架构。光看关键词部分的内容，就可以测验自己能否想起纸张右侧的整理内容，并确认自己还记得哪些重点，而哪些重点已经遗忘，更有效率地准备考试。

底部的总结部分则是将该页整理好的笔记内容，利用简短几句话或几个单词进行总结，这个部分同样适合作为考前快速复习之用。总结栏里可以写上考试时答错的题目，让自己不再重蹈覆辙。

只要把核心概念、重要公式、答错题目、相关问题等，写在关键词字段和总结字段里，就不必再翻找教科书或整本笔记，即可快速看遍所有重点，温习更多内容。

行动清单

1.你平时有哪些做笔记的习惯需要改进？

2.善于整理笔记有哪些好处？

3.今后你想尝试哪些高效整理笔记的方法？

画成图、编故事，让感官帮你记东西

不管写什么文章，短小精悍才便于阅读，简明扼要才易于理解，生动如画才深刻隽永。

——约瑟夫·普利策[1]

很多学生读书时只拿眼睛看，有些学生却会根据内容画图或想象文字所描述的画面，哪类学生能在短时间内记住更多内容呢？不用我说大家也知道，绝对是后者。让自己牢牢记住所看内容，方法之一就是把文字画成图像。接下来，就让我们一起探究这背后深藏的原因。

① 约瑟夫·普利策（1847—1911），美籍匈牙利裔出版人。美国大众报刊的标志性人物，普利策奖和哥伦比亚新闻学院创办人。——编者注

想把自己内心所想传递给别人，最好的办法就是把它展示出来让对方看；而借由文字或图像可视化呈现，我们可以用肉眼确认，自然更容易理解。假设你走在一条陌生的道路上，需要向人问路，结果一位热心人士只是单纯口头说明，另一人则边画路线图边解说，你觉得哪个人的说明会更有帮助呢？可想而知一定是后者。

再举个例子，我们学习分子结构的时候，老师只是口头讲解和一边画图、写分子式一边解说，你觉得哪种方式更让人印象深刻且易于消化理解呢？同样是后者。

为什么呢？

调动的感官越多，越能帮助记忆

我们的大脑分成左半球和右半球，左半球掌管语言（说话或文字）和逻辑思考，右半球负责图像、音乐或直观能力等非语言功能。我们学习时，要是能把课本或课堂上接收到的语言信息画成图像或图表，就等于同时用到两侧的大脑。反之，如果只是单纯用眼睛阅读或抄写复习，就只会用到一侧的大脑。

因此，学习时不妨试着把文字内容画成图表，这样会比单纯默背或反复抄写复习的效果更好，印象也更深刻。读书学习时调动的感觉器官越多，就越容易记住。举例来说，背英语单词时不妨看着单词，想象与单词有关的画面或者画成图像，边抄边读，这样更能加深记忆。

读书时调动全身每个细胞就比只用眼睛看书更有效，这是有根据的。人类大脑有专门处理所见内容的视觉皮质，负责所闻内容的听觉皮质，掌管说话的语言皮质和调节身体运动的运动皮质等新皮质，光用眼睛阅读学习内容，只调动了视觉皮质，但是用全身学习，则大脑有四个以上部位会储存所学内容，自然更容易记住。

利用关键词和图像加深记忆

我们先来做一个简单的实验：将下面的两个词语组合起来，把各个词组都念一遍。

鸭子—斧头

马铃薯—玩偶

针—小孩

烟—石头

猪—桌子

念完以后把后面的词语用纸遮住，然后看着前面的词语想出后面配对的词语。要是后面的词语与前面的词语有关，例如“鸭子—河水”，一定会更容易记住，但是上述组合是两个毫无关联的词语，所以如果要死记这些词语并不容易。然而，有些人就是可以很轻松地把这种不相干的内容牢牢记住，他们多半会使用一种策略：把两个词语组合在一起，创造出一个画面。

心理学家戈登·霍华德·鲍尔就曾进行过一项实验，对一组受试者提供上述词语组合（例如：猪—桌子），接着造句：“猪把桌子掀翻了。”让受试者去想象；对另外一组受试者则要求看着词语死记硬背。实验结果显示，前面那组受试者可以准确想起75%的词语，后面那组受试者却只能想起35%的词语。

大家在背读英语单词时都用什么方法呢？假如现在要你背一个英语单词“vivid”，大多人使用的方法就是发出声音念“v-i-v-i-d，明亮的、生动的、鲜明的”，不然就是反复抄写或默背。然而，有个方法更有效，那就是想办法变成故事或画面。

首先，假设你要背的单词是“vivid”，就可以先寻找有无发音相似的字词，例如“肥肥的”，然后再把这个单词和“vivid”的意思结合成一句话。譬如：“肥肥的姊姊和瘦瘦的妹妹，两人形成了鲜明的对比。”日后只要看到“vivid”这个英文单词，就会联想到“肥肥的”，然后想起它的意思是“鲜明的”。“肥肥的”这个词语等于扮演了唤醒记忆的“钥匙”角色，这在心理学上称为“关键词记忆法”（Keyword Method）。

心理学家约翰·威廉·阿特金森曾用这套方法训练美国学生背德文，6周后，他比对了接受这套训练的学生和没接受训练的学生在学习上有无差异，结果显示，这组学生记住的单词量是没接受训练的学生所记单词量的两倍之多。

将内容简化或编成故事

要高效地记住各种内容，最简单的方法就是将其简化、只取前缀，或者编成故事。古今中外，这套方法都是使用得最普遍的，心理学领域称之为“前缀法”（Acronym Technique）。例如，我们在背彩虹总共有哪七种颜色时，是用“红橙黄绿蓝靛紫”来记忆；在背朝鲜时代王的名字时，也是以“太定太世文端世……”[①]来让自己快速记住。

更有效的一套方法是不仅取前缀，还在中间穿插助词或其他单词，使整句话变得更完整、更有趣。例如，法律的五个层级分别是“宪法—法律—命令—条例—规则”，那么我们就可以自行创造一

① 太祖、定宗、太宗、世宗、文宗、端宗、世祖。——译者注

句话，如“撰写宪法时，标题命名条例式才符合规则”。

学测补习班的知名讲师都有一个共同点——再难记的内容，他们都会用自己的方式包装成故事，让学生们留下深刻印象。把看似不相干的各种内容按顺序记住，那就得尽可能把内容编成故事。

接下来有一项简单的实验：请各位把以下词语按顺序读一遍。

鸟→衣服→头→邮差→河→剧场→护士→眼皮→蜂蜡→火葬

读完了吗？接下来把书合上，试着在一张白纸上把刚刚读过的10个词语按顺序默写。写完以后请重新翻开书本，看着那10个词语，创作成下面这段故事，然后重新试着背背看。

身穿鸟衣服、头戴邮差帽的男子，纵身跳进河里。此时，附近剧场里跑出一名护士，在那名男子的眼皮上涂上蜂蜡。男子最后还是断了气，尸体则被送进火葬场。

如何？有没有觉得这次背起来比较容易呢？心理学家鲍尔为了验证这套记忆法，让受试者们阅读12行单词组合，分别由10个不相干的词语组成，并请他们自行创编成故事方便记忆；然后另一组受试者则只能单纯通过反复默念的方式熟记“鸟→衣服→头……”最后，请两组受试者按顺序写下词语。

由于提供默背的时间还算充足，所以刚背完就接受测验时，两组受试者几乎都答对了。然而随着时间流逝，两组受试者又重新做了一次测验，结果出现明显落差。自行创编故事的那组受试者，可以精准地想起93%的词语；单纯死记硬背的那组受试者，则只能想起13%的词语。

怎么会有如此大的落差？那是因为当我们在创编故事时，脑海里自然会浮现相关画面，然后把该记的所有内容储存成一个完整的故事，也就是一段影像的缘故。而且这样的方式会使词语环环相扣，说到一个词语时自动联想到下一个词语。

把学习内容编成故事有几个好处：第一，故事前后有因果关系，所以容易理解；第二，故事比解说更具趣味性；第三，故事带有意义，比较容易记住。很久以前，人类的大脑结构便对故事形态比较容易理解、记忆，因此把学习内容转换成有趣的故事，就可以有效地指导他人，达到高效学习。

故事结构的4C法则

1.来龙去脉（Casuality）：事情要说明来龙去脉。

2.矛盾冲突（Conflict）：在达成目标的过程中要设置障碍。

3.错综复杂（Complication）：内容单调会使人觉得无聊。

4.人物角色（Character）：选择充满特色、有趣的人物担任主角。

歌词难忘的最大原因

如果你找不到合适的轻松记忆学习内容的方式，可以考虑改用说唱的方式。比如，当我们需要背元素周期表或历史知识时，内容顺序不仅不能错，又难以系统化整理，这时把要背的内容配上自己熟悉的音乐旋律尤其有效。

说唱的方法有两大优点，一是可以让读书变得有趣，二是背过一次就很难忘记。失智症患者之所以会忘记自家电话号码却能记住歌词，就是因为歌曲是同时储存在大脑左右两个半球的。

行动清单

1.请用编故事的形式来记住下面这组词语。

马车—顶楼—天空—铅笔—马铃薯—笔记—公交车—音乐—电台广播—旗子

2.找出跟化学元素周期表一样不好记的一项内容。

3.把不容易记住的内容套用在自己喜欢的歌曲上，变成歌词进行背诵。

如何迎战人生中不可避免的考试

我们可以决定自己的行为，行为也可以决定我们。

——乔治·艾略特[①]

作为一个成人，我以前也是饱受考试所苦，不论功课好坏，我相信都没有人喜欢考试。但是我们偏偏身处在一个什么都要考试的文化环境里，过去这样，将来也依然如此。

迄今为止，大家经历了无数次大大小小的考试，未来一样避免不了，就算升入大学，依然要应付各式各样的考试，如毕业考试、证照考试、就业考试等，才能顺利找到一份工作。各位以为

① 乔治·艾略特（1819—1880），19世纪英语文学史上最有影响力的小说家之一。——编者注

这样就结束了吗？不，进了公司以后还是会有工作考核、升迁考试在等着你。

不论喜欢与否，考试都是确认努力结果的重要手段。我们借助成绩看见自己还有哪些不足、有哪些地方需要加强，同时培养我们的好奇心与挑战性。既然无法回避，我们不如用积极的心态去看待考试，找出适合自己的应对方法。

下面介绍几种实用的备考方法。

◆平时就开始准备

有句话是这么说的：“懒惰的人在黄昏时最忙碌。”许多学生临到考试才突击复习。美国心理学家罗伯特·艾普斯坦做过一项实验，他让一组受试者读书和休息交替，另一组受试者则不准休息，一口气读完。结果显示，不论过多久，读书期间有休息的受试者所取得的成绩明显较好。

原因如下：第一，可以定期回想自己读过的内容，记忆更为牢靠。第二，因为读书时间不长，所以不会无聊，反而增强了读书的动力和欲望。第三，偶尔休息可以缓解疲劳，提高学习效率。第四，类似的内容隔一段时间再读，可以找到与之前读过的内容有何关联，能够整理得更加系统。所以，总结来说，临时抱佛脚是非常不明智的选择。

◆不同科目要采用不同备考方法和时间安排

不同的科目要采用不同的方法备考。对以默背为主的科目，就得找到有效默背的方法；以理解为主的科目，则要彻底理解才能够轻松解题。最重要的是，要懂得适当分配各个科目需要投入的备考时间。如果你最头疼的是数学，就要每天温习，擅长的科目则少安排一些时间，这样读书才会有效。

◆站在出题者的角度思考

理解、默背完学习内容以后，要养成把内容转换成考题的习惯。积极去解题，甚至深入想想："如果我是出题老师，我会出什么样的考题？"这样做有助于加速理解内容，也不容易遗忘。

设定考题时，找个朋友一起互相考考对方，也是个不错的方法。

◆确认完答案后，制作错题集

考完一科以后，不要急着确认答案，与其确认自己有没有答对题目，不如利用这段时间准备下一科考试。

很多学生考完试会大声欢呼，试卷随手一扔，之后再也不看一眼。其实，考试完成以后要先确认答案才对。我会建议单独做一个"错题本"，把答错的题目和正确答案、答错原因都记录在里面。举个例子，可以用不同颜色的笔标注出自己为什么答错，有些是因为没有仔细审题，有些是因为想不起来答案，这样做可以避免下次考试犯同样的错误。

◆整理出和考题相关的内容

重新检查一遍试题，把教科书和参考书里与试题有关的文章句子标记出来，不管是答对还是答错的题目，只要变成了考题，那就是重点，很有可能在下一次考试时再度出现。

有些题目我们其实是猜对的，很多学生会把这种情形归功于自己猜题能力强，而不愿意再看一遍考题。遇到这种情况，一定要先确认自己究竟为何答对，再回去翻找课本里的答案内容并标记出来，这样下次再看到类似的题目就不会出错了。

选择题拿高分的八个技巧

1.先把题目念一遍，猜想一下答案会是什么，要是试卷上有想到的选项，就很有可能是正确答案。

2.掌握题型，确认是正面表述（找出正确的、有关的）还是负面表述（找出错误、无关的）类型的题目。

3.就算对答案很有把握，或者立马就找到了想选的答案，还是要把所有选项都浏览一遍，因为有时候意想不到的选项更可能是正确答案。

4.慎重对待过于简单的题目。猜测出题意图，把题目仔细读完，因为越是简单的题目越容易暗藏陷阱。

5.把比较难解或容易混淆的题目先标记出来，等之后再回来作答，因为要是太执着于困难的题目，反而是在浪费时间，使自己徒增焦虑，原本会答的题目也很容易不小心答错。

6.如果对答案没有把握，建议使用排除法，先一一剔除不相干的选项，最后就能筛选出最接近答案的选项。

7.对于阅读理解题，要“先看问题再阅读文章”，这样才会知道要从文章里找什么答案。

8.多留意语气词，“经常”“绝对”“一定”“全部”等常规内容不太可能是答案；反之，含有“偶尔”“可能”“一般来说”等的句子，很有可能是答案。

申论题①拿高分的八个技巧

1.把问题先念一遍，猜测问题的主旨或重点。

2.在可以推导出答案的线索或核心词语上画线标注。

3.在空白处记下题目和答案要点。

① 此处的申论题是指韩国中学生考试的一种题型，不同于中国的公务员考试中的申论题，与中国中学生考试中的问答题型相类似。——编者注

4.填写答案时要注意不能有错别字，书写整齐干净。（申论题看重卷面，字迹不能太过潦草。）

5.填写答案前先想好要如何串联关键词。

6.把记下来的关键词一个不漏地写入答案里。

7.用词明确，不要有模棱两可的说法 。

8.按照开头、中段、结尾的逻辑展开论述，有条不紊、简洁明晰地提出自己的观点。

行动清单

1.试着列出三项需要改进的准备考试的习惯。

2.准备选择题考试时，最需要留意哪一点？

3.准备申论题考试时，最需要留意哪一点？

无法真心喜欢每一个老师怎么办？你可以这样选择

人类与动物的不同之处在于，动物按照刺激本能反应，人类则可以选择如何回应。

——威廉·格拉瑟①

一般来说，我们若讨厌某位老师，也会反感他教的科目；反之，若喜欢某位老师，自然就会喜欢他的课，学习也会认真很多。下面摘录了某大学生追悔高中学习态度的肺腑之言。

高中时，我很喜欢新来的历史老师，从那时起，我专心听课，认真做笔记，用心准备考试，甚至刻意找问题去办公室问老

① 威廉·格拉瑟，美国心理治疗学家、现实治疗法的创始人。——编者注

师。最后，我的历史科目考了全班最高分。

可是，数学却相反，我和数学老师关系不佳，所以不想上数学课，总在课堂上做其他事情，数学成绩当然一落千丈。

最终，我因为数学成绩不理想，不得不放弃我真正想要选填的志愿。

俗语云：“讨厌某位僧侣，就连他穿的袈裟都讨厌。”“爱自己的妻子，连见到她娘家的木桩都会行跪拜礼。”正所谓恶其余胥、爱屋及乌。当我们讨厌一个人的时候，也会讨厌跟他相关的一切；喜欢一个人，就会喜欢与之相关的一切。

从洗洁精到汽车广告，为什么广告商要不惜花大价钱去请相貌美丽的代言人来替商品宣传呢？那是因为代言人的良好形象会转移至商品，替商品增加销量。譬如，车展上搭配外形靓丽的女模特儿，会比没有模特儿单纯展示车辆时获得更多正面的评价。像这样把某物结合正面或负面刺激后一同呈现，日后就算单独展示某物品，同样会诱发民众的正面或负面情感，这在心理学上称作“联想规律”（Law of Association）。而我们讨厌一个老师，就会连他教的科目都讨厌；喜欢一个老师，就会连他教的科目也喜欢。这同样是因为联想规律所致。

人类的伟大之处在于自由选择

《圣经》里有一句话：“可恨的是罪行，而非罪人。”意思是我们可以厌恶一个人错误的行为，但是不能因为那项行为而讨厌那个人。要是把这句话换成“讨厌的是老师的态度和教学方式，而非老师本人”，你觉得如何呢？如果还是觉得太难，那请你至少不要去讨厌那个科目，因为到头来吃亏的人还是自己。

如果老师都是明星一般的俊男靓女，或是像喜剧演员一样幽默风趣，我们上起课来自然幸福无比，但现实不可能如此。如果用对老师的喜爱程度决定我们对其教授科目的喜好程度，这就和心情因天气变化而变化是一样的。世界上有两种人，一种人怨天尤人、坐以待毙，另一种人则为自己的人生负责、积极开拓未来。

我们可以把狗训练成一听见铃声便流口水，也可以训练成一听见铃声便出现惊恐反应，要是因为讨厌老师而连带讨厌对应的科目，我们就和巴甫洛夫的狗没什么区别。可是狗无法选择自己的人生。一个人越是懂得对自己的人生负责、主导自己的人生，越会根据目标而非刺激（学校、家庭环境、老师等）做出反应，不论自己喜不喜欢老师，都会按照自己的需求读书。我们不能控制天气，但是我们可以选择下雨天要不要撑伞；同样地，我们不能选择老师，但是可以选择用什么心态去面对学习科目。

“人类的伟大之处在于，可以在刺激与反应之间自由做选择。”这是精神病学家维克多·弗兰克尔说过的话。如果各位不想把自己的人生交给环境或其他人，就别再用“讨厌老师”当借口，试图把自己对该科目努力不够的行为合理化。

如何与讨厌的人和平共处？

天气总是变幻莫测，时而温暖，时而寒冷，时而下雨，时而下雪；我们与人相识也是一样，有时候会遇见自己喜欢的对象，有时候会遇见自己讨厌的对象，这就是人生。是否能处理好人际关系，不是看你如何与喜欢的对象相处，而是看你如何与讨厌的人相处。当我们拥有和讨厌的人也能和平共处的能力时，那将会是你在精神上不可多得的财富。

如果要向讨厌的老师学习，请记得思考以下几点。

◆承认每一位老师不可能都是天使

试问大家是否都是父母最优秀的儿女，或者是三好学生？还是人见人爱的朋友？既然我们都不是完美无瑕的天使，老师也是人，同样会有遇到瓶颈或问题的时候。如果你有不喜欢的老师，记得先承认老师并非圣人，和你我一样都只是凡人。

◆把别人的错当成他山之石

“他山之石，可以攻玉”，别人山头上的石头，可以取来当作雕琢玉器的磨石，意指看似毫无用处的东西，也会因你的用法不一样而变得有用。所以，与其不喜欢某个老师，不如想想自己该怎么做才能避免将来成为像老师那样的人。

◆愈是讨厌，愈要拉拢

智者往往懂得如何收服讨厌的人，将敌对势力变成力挺自己的人脉，这就是和一般人最大的不同点。试着站在对方的立场想问题，然后做一些对方会喜欢的举动，例如，多花精力学习该科目，上课时适时地和老师有眼神交流、认真听课、虚心请教，我相信最后只会有更多好事发生在我们身上。

行动清单

1. 请写出因为讨厌老师而连带讨厌的科目是哪一科？理由是什么？

2. 从讨厌的老师那里可以获得什么教训？

3. 可以做哪些事情来拉近与讨厌的老师的距离？

结语　本书的终点即为你的起点

儿子十几岁时，我曾经在一旁听过他和他妈妈的对话。

妈妈问他："今天在学校还好吗？"结果儿子不耐烦地回答："不知道，好累。"虽然已经事隔多年，但我相信现在的青少年应该还是这样，最常用"不知道""没为什么""算了"来做回应。还记得当时，我愤而起身纠正儿子："你那是什么态度！"尽管如此，我心知肚明他一定是身心俱疲才会有这样的反应。

我推测当时的儿子以及现在的青少年，或许是以这样的心情度过每一天："啊，好想再多睡一会儿，好讨厌上学，但还是得起床去学校。每天都要上那些无聊又难懂的课，又要因为迟到、服装不合规定、上课态度不佳、成绩不好而被老师批评；放学后还要去补习班，等到一天快要结束的时候，早已经累得筋疲力尽；有时候就算下定决心要认真读书，成绩还是不见起色；老师和爸妈每天开口闭口都是叫我‘去读书’‘别整天只想着玩’，虽然这些唠叨都是为了我好，但耳朵已经听得都长茧子了；地狱般的学生时期，到底什么时候才能结束啊……”

在此，我想与各位分享海伦·凯勒写的散文《假如给我三天光明》中的内容：

某天，海伦·凯勒向刚从森林里散步回来的朋友问道：“你看见什么了？”朋友淡淡地回答道：“没什么特别的。”听完这句话的海伦·凯勒忍不住向朋友提出自己内心的渴望，她非常想看见大家所能看见的那些美好画面。她接着说：“我只有一个愿望，那就是在死之前给我三天光明，让我看看这个世界。”然后她告诉朋友自己会如何度过这三天光阴。

第一天，我想见见我挚爱的朋友们，他们给我关爱和温暖，让我感受到了生命的意义。如果我的眼睛可以看见了，我一定要先去找我的老师，是她把我从黑暗中救了出来，我会仔细端详她那张以前只能用手去感受的脸。然后我要去看看朋友们，读读书。下午我会在草地、山里散步，看看漂亮的花草树木，傍晚则会在美丽动人的夕阳前进行祷告。晚上，我应该会难以入眠。

第二天，我要在黎明起身，亲眼见证黑夜变为白昼的动人奇迹，我将怀着敬畏之心，仰望壮丽的曙光全景，然后仔细瞧瞧世界的每一个角落。白天我会去博物馆和美术馆走走，晚上就去电影院看场电影，夜深了也要看看布满繁星的天空。

第三天，我要一大早就走上街头，看看忙碌的上班族充满朝气的表情，白天去欣赏歌剧，晚上则到市中心看闪烁的霓虹灯和橱窗内展示的华丽商品。等回到家迎接人生的最后一刻时，我会感谢上苍能让我拥有三天的光明，然后永远重返黑暗。

我们使用眼睛和耳朵时，如果抱着或许哪天就再也看不见、再也听不到的想法，或许就会察觉到其实自己拥有许多美好的事物，很多事也不会再觉得理所当然，时常心怀感念，并且更加珍惜、更认真地使用这些器官，进而倍感充实和幸福。不论面临多么痛苦的事情，都一定能找到积极正向的一面；不论遇到多么悲惨的情况，只要设想还有更糟的情形，就会发现自己其实已经很幸运了。

人类是因为自身对事物的看法而感到痛苦，绝非事物本身。虽然我们会经历许多考验和磨难，但是希望这本书可以帮你用稍微不一样的角度看待自己和整个世界，用更宽容的心去面对自己和周遭，享受正在做的事情。

世上所有问题自有其解，解决方法也不止一种，衷心期盼各位可以找出更多解决对策和人生智慧。未来不论在哪里，不论你在做什么，都能成为照亮自己和周遭的希望之光。

亡羊补牢，为时未晚。不论年纪多大，永远没有“为时已晚”这一说。后悔什么时候都不嫌迟，越早越好。这本书的终点，希望会是大家的起点。